自分を成長させる極意
[ハーバード・ビジネス・レビュー ベスト10選]

ピーター・F・ドラッカー
クレイトン・M・クリステンセン 他 [著]
ハーバード・ビジネス・レビュー編集部 [編]
DIAMONDハーバード・ビジネス・レビュー編集部 [訳]

Harvard Business Review's 10 Must Reads

ダイヤモンド社

HBR'S 10 MUST READS ON MANAGING YOURSELF

(with bonus article "How Will You Measure Your Life? by Clayton M. Christensen)

by

Peter Ferdinand Drucker,

Clayton M. Christensen and others

Published by arrangement with Harvard Business Review Press, Watertown, Massachusetts through Tuttle-Mori Agency, Inc., Tokyo

自分を成長させる極意
ハーバード・ビジネス・レビュー ベスト10選

目 次

Chapter 1
自分の人生を「成功」に導く

正しい物差しで生き方を管理する ——クレイトン・M・クリステンセン

行動のための手引き

Chapter 2
自分をマネジメントする
自分の強み、仕事の仕方、価値観を知る
――ピーター・F・ドラッカー

Chapter 3
これで、時間は完全に支配できる
仕事の「サル」を手なずける　――ウィリアム・オンキン・ジュニア、ドナルド・L・ワス

Chapter 4
「レジリエンス」を鍛え上げる
強い人格をつくるために最も必要な能力 ——ダイアン・L・クーツ

Chapter 5
身体・感情・知性・精神のレベルを底上げする
パフォーマンスを活性化するトリガー ——トニー・シュワルツ、キャサリン・マッカーシー

Chapter 6
「小さな勝利」で自分を変える
全方位的に目標を攻略する ——スチュワート・D・フリードマン

Chapter 7
「膨大な仕事」に飲まれない最良のアプローチ
自分の仕事を取りもどす ――スマントラ・ゴシャール、ハイケ・ブルック

Chapter 8
人の上に立つために最も大切な「4つのこと」
最高のリーダーが力を発揮する秘密は何か？――ロバート・E・クィン

Chapter 9
自分を成長させ続ける「7つの質問」
ビジネスで定期的に考えるべき最重要の問い　――ロバート・S・キャプラン

Chapter 10 成果を最大化する「プロセス」を実行する

自己認識を変える5つの自己革新ステップ
――ダニエル・ゴールマン、リチャード・ボヤツィス、アニー・マッキー

Chapter 1
自分の人生を「成功」に導く
正しい物差しで生き方を管理する

――クレイトン・M・クリステンセン

そこで「妥協」してはいけない

私が『イノベーションのジレンマ』（翔泳社）を出版する前、当時インテルの会長であったアンドリュー・グローブから電話をもらった。彼は私が以前に書いた破壊的技術に関する論文を読んだと言い、私の研究について彼の直属の部下たちに説明し、それがインテルにとってどんな意味を持つのか解説してくれないかと頼んできた。

私は興奮してシリコンバレーに飛び、約束の時間に到着したが、グローブは、「すまないが、問題が発生して、10分しか時間がない。君の破壊的モデルがインテルにとってどんな意味があるかだけ、みんなに話してくれないか」と言った。私は「それはできません」と断った。全体を説明するのには、まるまる30分は必要だった。モデルの詳細がわからなければ、インテルについてのコメントも意味を持たない。

そして、説明を始めて10分経つと、グローブがさえぎった。「よし、君のモデルは理解できた。それがインテルにどんな意味があるのか話してくれ」

私はあと10分必要だと食い下がった。10分あれば、半導体とはまったく違う業種、つまり鉄鋼業界において破壊のプロセスがどのように働いたかを説明でき、そうすれば、グローブと部下たちは破壊の仕組みを理解できるはずだ。

私はニューコアや他のミニミル（電気炉製鋼メーカー）が市場の最もローエンドな分野、すなわち建築用鉄筋や異形鉄筋から攻め入り、その後ハイエンドに進出して、伝統的な高炉メーカーの足下をすくった事例を話した。

私がミニミルの話を終えると、グローブは「オーケー、わかった。これがインテルにとってどんな意味があるかというと……」と話し始め、後に〈セレロン〉の発売によって低価格帯へ参入することになった戦略について事細かに語り続けた。

それ以来、私は何度となくそのときのことを考えてきた。もし私がグローブに言いくるめられ、マイクロプロセッサーのビジネスについて何を考えるべきかを教えていたら、話は失敗していたに違いない。しかし、私は何を考えるべきかを説く代わりに、どう考えるべきかを教え、グローブは自分の力で、私が正しいと思う結論に至ったのだ。

自分で考えて「答え」を生み出す

この経験は、私に大きな影響を与えた。人から何をすべきかと聞かれて私は、ずばりと答えを教えることはめったにない。

その代わりに自分のモデルの一例を挙げ、質問をおさらいしてみる。質問者とはまったく違う業界で、その事例のプロセスがどのように働いたかを説明するのだ。そうすると、たいていの場合、彼らは「そうか、わかった」と言う。そして、私が答えるよりも、よほど洞察に満ちた答えをみずから導き出す。

ハーバード・ビジネススクール（HBS）での私の授業は、よい経営理論とはどういったものか、それがどう構築されているかを学生が理解できるようになっている。

それを徹底的に理解させるために、モデルや理論を紹介し、イノベーションや成長を刺激するゼネラル・マネジメントという仕事のさまざまな側面について自分で考える一助としてもらう。

1回の授業で1社を取り上げ、理論のレンズを通してその企業を見ていく。つまり、理論を使ってその企業がどうしてその状況に至ったかを説明し、また、経営上どのように行動すれば、要求される結果を生み出せるのかを検証するのだ。

3つの「理論のレンズ」を自分に当てはめる

授業の最終日、私は、学生たちにこうした理論のレンズを自分自身に当てはめて、「3つの質問」に適切な答えを出すように求める。

最初の質問は、「どうしたら幸せなキャリアをしっかりと歩めるか」。

次の質問は、「どうしたら家族との関係をゆるぎない幸福の源にできるか」。

最後の質問は、「犯罪者にならないためにはどうしたらいいか」。

最後の質問は軽いものだと思われがちだが、そうではない。私の同級生だった32人のローズ奨学生（オックスフォード大学の大学院生に与えられる世界最古の国際的フェローシップ）のうち2人は服役することになった。エンロン事件のジェフ・スキリング元CEO（最高経営責任者）も、HBSの私の同級生だ。皆いい奴だった。ただ、人生の何かが間違った方向に向かわせてしまったのだ。

これら3つの質問について学生たちに議論させる際、私は自分の人生をかれらに打ち明ける。一種のケース・スタディとして、人生の判断を導くに当たって私の授業で学んだ理論をどう使えるかを示すためだ。

最初の、「どうしたら幸せなキャリアをしっかりと歩めるか」という質問に素晴らしい洞察を与えてくれる理論の一つは、臨床心理学者のフレデリック・ハーズバーグが提唱したものだ。すなわち、

「人生で強い動機づけとなるのはお金ではなく、学習し、責任のなかで成長し、他者に貢献し、成果を認められる機会だ」

というものである。

私は学者になる前、自分が創業した会社を経営しているときに思い描いたことを学生たちに話す。

私の心の眼に、自尊心に満ちあふれた部下のマネジャーの一人が、朝、家を出る姿が浮かんだ。それから10時間後に、同じマネジャーが、「自分は正当に評価されていない、悔しい、十分に活躍させてもらえない、しかもバカにされた」と感じながら家族の元に帰っていく姿が目に浮かんだ。そして彼女の自尊心が傷ついたために、子どもたちとの関わり方にも大きな影響があっただろうと想像した。

私の心は別の日に飛び、彼女が自尊心に満ちあふれて家に帰る姿を思い浮かべた。彼女は多くのものを身につけ、価値あることを成し遂げたと周囲に認められ、「重要なプロジェクトの成功に中心的な役割を果たした」と感じている。そして私は、それが妻としてまた親としての彼女にどれほどよい影響を与えたかを想像した。

つまり、私の結論はこうだ。

マネジメントとは、正しく実践すれば、最も尊い仕事の一つである。人が学び、成長し、責任を担い、成果を認められ、チームの成功に貢献することを、これほど多くのやり方で手助けできる仕事はほかにない。

ビジネス上のキャリアとは、会社を売ったり買ったりそれに投資することだと考えてビジネススクールにやってくる学生がますます増えている。これは残念なことだ。契約をまとめることからは、人を育てることで得られる深い喜びは生まれない。私は学生たちに、そのことを理解してから教室を去っていってほしい。

毎日1時間の「大局から思考する時間」

2番目の「どうしたら家族との関係をゆるぎない幸福の源にできるか」という質問に答えるに当たって役立つ理論は、戦略の定義と実行の方法に関するものだ。

その理論から得られる重要な洞察は、「企業の戦略は、経営者が投資する取り組み次第で決まる」ということである。

企業の資源配分プロセスがうまく管理されていなければ、そこから生まれる結果は、経営者が意図したものとはまったく違うものになるかもしれない。なぜなら、企業の意思決定システムは、リターンが最も目に見えやすく、しかもすぐに結果が出るような取り組みへ投資を誘導するように設計されているため、長期戦略に不可欠な取り組みへの投資がおろそかになるからだ。

私は１９７９年以来、ＨＢＳの同級生たちの運命の変遷《へんせん》を見てきた。同窓会のたびに、不幸せで、離婚しており、子どもたちと疎遠になっている同級生の数は増えていく。請け合ってもよいが、ＨＢＳを卒業するときに、かれらのなかのだれ一人として、離婚するため、親不孝の子どもを育てるために綿密な戦略を立てていたわけではない。それなのに、驚くほど多くの同級生がこの戦略を実践してしまった。

それはなぜだろうか。

自分の時間と才能、そしてエネルギーをどう使うか決めるときに、人生の目的を中心に置かなかったからだ。

毎年ＨＢＳでは、世界じゅうの優秀な学生から９００人を選りすぐる。その大部分が、人生の目的についてほとんど考えてみたことがないというのは驚くべきことだ。私は学生たちにとって、ＨＢＳはこの問題を深く考える最後のチャンスかもしれないと教えている。もし学生たちが、それを考える時間やエネルギーは、後になればもっとあるはずだと思っているなら、かれらは大馬鹿だ。人生はますます忙しくなる一方だからだ。住宅ローンを抱え、週70時間働き、伴侶と子どもができる。

私にとって、人生に明確な目的を持つのは必要不可欠なことだ。しかし、それがわかるまでには、長いあいだ必死に考えなければならなかった。

ローズ奨学生だったころ、私はとても要求水準の高い研究プログラムに参加しており、本来ならもう1年かけるべき研究をオックスフォードにいるあいだに何とか終わらせようとしていた。

一方、神がなぜこの世に私を遣わせたのかについて本を読み、考え、祈ることに、毎晩1時間を費やすことに決めた。これは自分へのとても難しい誓いだった。

というのも、その時間は応用計量経済学の研究ができなかったからである。研究の時間を減らす余裕が本当にあるのかと悩みながら、この誓いを貫いた。そして最後には人生の目的を見つけた。

もし私が、毎日その時間を回帰分析における自己相関の問題を解くための最新技術を学ぶことに使っていたら、人生の多くの時間を無駄に費やすことになっただろう。計量経済学のツールを使うのは年に数回だが、人生の目的についての知見は日々活用している。それは、私がいままでに学んだ、唯一にして最も有益なことだ。

私は学生たちに、もし自分の人生の目的を見つけるために時間を使えば、振り返ったときにそれがＨＢＳで見つけたいちばん大切なことだったと思うはずだと断言している。

もし人生の目的が見つけ出せなければ、学生たちは舵《かじ》のないまま大海に漕ぎ出し、人生の厳しい荒海のなかでおのれを見失うことになる。

自分の目的を明確にすることは、「ＡＢＣ」（活動基準原価計算）や「バランス・スコアカード」「コア・コンピタンス」「破壊的イノベーション」「マーケティングの４Ｐ」や「ファイブ・フォース分析」といった知識に勝るものだ。

私の人生の目的は宗教的な信仰から生まれたものだが、信仰だけが人々に方向性を与えるものではない。たとえば、教え子の一人は、「祖国に正直さと経済的な繁栄をもたらすこと」と、「自分と同じくらいこの目的に貢献し、互いに助け合える子どもたちを育てること」こそ自分の目的だと決心した。彼の目的は、私の目的と同じく、家族と他者に力を注ぐことである。

職業を選択し、その仕事で成功することは、自分の目的を達成する一つの手段にすぎない。しかし、目的がなければ人生は空虚なものになりかねない。

自分の「時間」「エネルギー」「能力」を正しく配分する

個人の「時間」と「エネルギー」、そして「能力」をどう配分するかの意思決定が、最終的には人生の戦略を決める。

私にもこれらの資源を奪い合う私事がたくさんある。妻と実りある関係を築き、すばらしい子どもを育て、地域社会に貢献し、仕事で成功し、教会に奉仕し、その他たくさんのことをしようとしている。

だから、私も企業とまったく同じ問題を抱えている。私の時間やエネルギーや能力は限られている。これらそれぞれの追求に、何をどれだけ捧げたらいいのだろうか。

配分の選択次第で、あなたの人生は意図したものと大きく違うものになりかねない。それがよいほうに転ぶこともある。思いもしなかったチャンスが現れるかもしれない。

しかし資源を間違ったところに投資すると、悪い結果になることもある。投資の結果、図らずも虚しく不幸な人生になってしまった同級生たちのことを考えるにつけ、かれらの問題の根本にあったものは、近視眼だったと思わざるをえない。

達成動機が強い人たち（HBSの卒業生は全員このなかに含まれる）は、時間やエネルギーに多少の余裕があると、それを無意識のうちに最も目に見えやすい成果を生む活動に投資する。そして、前進が最も具体的なかたちで見えるのが、自分のキャリアなのだ。「製品を発送する」「デザインを仕上げる」「プレゼンテーションをやり終える」「売買を成立させる」「授業を教える」「新聞を発行する」「給料をもらう」「昇進する」……。

対照的に、時間やエネルギーを伴侶や子どもとの関係に投資しても、すぐに同じような達成感が得られないことが多い。子どもは毎日いたずらをする。やれやれと腰に手を当てて、「よい子に育った」と言えるのは20年も先のことだ。伴侶との関係をおろそかにしていても、日々何かが崩れていくようには見えない。

他人に勝ろうとする人たちは、無意識のうちに家族にあまり投資せず、キャリアに投資しすぎる傾向がある。家族との親密で愛に満ちた関係が最も強く長続きする幸福の源であるにもかかわらず――。

さまざまなビジネス上の大失敗を詳細に調べて根本的な原因を探ると、「すぐに成果を得られそうな事業に飛びつく」という傾向が散見される。

同じ視点で個人の人生を見れば、同じように衝撃的で驚くべきパターンが見られるだろう。つまり人は、かつていちばん大切だと言っていたものに、だんだんと資源を投じなくなっていくのだ。

人を動かし、「協力」させる

私の授業には、「協力のツール」（Tools of Cooperation）と呼ばれる重要なモデルがある。これを使うと、ビジョナリーな経営者になること自体は、じつはそれほど大したことではないことがわかる。

たしかに「不透明な未来を鋭く見抜き、企業が正しい道を歩むよう修正軌道を図示する」のは一つの能力である。しかし、「未来の変化を見通せない社員を説得して新しい方向に向けて協力させる」のは、それとはまったく別の能力である。必要な協力を引き出すためにどんなツールを使ったらいいかを知ることも、不可欠なマネジメント・スキルである。

このモデルでは、「協力のツール」を二つの次元に沿って整理する。

一つは、「その組織に参加して得られるものについて、メンバーはどの程度賛同しているか」、もう一つは、「望ましい結果を生み出す方法について、組織のメンバーはどの程度賛同しているか」である。

どちらについてもあまり賛同が得られていなければ、協力を取りつけるために「権力」というツールを使わなければならない。つまり、強制や脅し、懲罰などである。多くの企業がこの段階からスタートする。これが、創業経営陣の場合、何をどうすべきかを決めるに当たって断固たる役割を果たさなければならない理由である。

「直感」と「仮定」で正しく動けるようにする

社員たちが力を合わせ、それぞれの役割に取り組み、何度も成功を重ねるうちに、コンセンサスがかたちづくられる。マサチューセッツ工科大学スローン・スクール・オブ・マネジメント教授のエドガー・シャインは、このプロセスを一つの文化（カルチャー）が形成される仕組みとして説明している。

最終的には、みんな自分たちのやり方が成功につながるかどうかさえ考えなくなる。そして、きちんとした意思決定ではなく、直感と根拠のない仮定に従って優先順位を判断し、対処する。それはすなわち、かれらが一つの文化を生み出したことを意味する。

文化というものは、グループ内のメンバーたちが何度も生じる問題に対処する際に用いる方法――その効力は実証済みであり、それなりに受け入れられている――を、有無を言わせず、暗黙裏に強制する。また文化は、異なる種類の問題にどう優先順位をつけるかを決定づける。つまり、強力なマネジメント・ツールになりうるのだ。

このモデルを、「どうしたら家族との関係をゆるぎない幸福の源にできるか」という質問に応用すれば、両親が子どもたちの協力を引き出すために使える最も簡単なツールは「権力」であることに、学生たちはすぐに気づく。

しかし、子どもたちがティーンエイジャーになれば権力ももはや通用しなくなる。両親はそのときになって、子どもたちが無意識のうちに相互尊重の心を持って振る舞い、親の言うことを聞き、自分から正しいことをするような文化を、子どもたちがもっとずっと小さい時期に、子どもたちと協力して生み出しておけばよかったと思いはじめる。

家庭にも、企業とまったく同じように文化がある。こうした文化は意識的に築くことが可能だが、注意しないと意図せぬ方向に向かうこともある。

自分の子どもには、困難な事態でも解決できるよう、強い自尊心と自信を持ってほしいと思っても、こうした資質は高校生になれば魔法のように現れるものではない。だから、それは家庭内の文化に組み入れておく必要がある。しかも、どう組み入れるかを非常に早い時期から考えなければならない。社員と同じく、子どもも難しいことに取り組み、成功体験を得ることによって自尊心を築いていく。

「例外」が人生を混迷に陥れる

財務や経済学の授業では、投資の選択肢を評価する際、埋没《まいぼつ》費用（回収不能原価）や固定費は無視して、個々の投資に伴う限界費用と限界収益に基づいて意思決定するように教えられる。われわれの授業では、この教義のせいで、企業には、将来必要になるであろう能力を構築するより、過去に導入し成功したものを活用する方向にバイアスがかかっていることを学ぶ。もし未来が過去とまったく同じなら、このやり方でもかまわない。しかし、もし未来が過去と違うならば（だいたいいつもそうである）、このやり方は間違いである。

この理論は、学生たちと議論する第3の質問、すなわち「どうすれば誠実な人生を送れるか」（犯罪者にならないためにはどうしたらいいか）に対応するものだ。われわれは、善か悪かを判断する際、この限界費用の教えを無意識のうちに自分の人生に当てはめている。

頭のなかの声が自分にこう言い訳する。「もちろん一般的には、ほとんどの人がこれをすべきでないことはわかっている。だけど、この特別な状況なら、一度くらい許されてもいいだろう」

間違った行為に伴う限界費用は、「この一度だけ」であれば、いつでも小さく思われる。あなたはその甘いささやきに負けて、その道が最終的にどこへ至るのか、その一回の選択から生じる総費用について考えることはない。背信や不正直さを正当化する言い訳は、「この一度だけ」という限界費用の計算がその根底にある。

私が自分の人生で、「この一度だけ」がもたらしかねない損失をどう理解したかという話をご紹介したい。

私は学生時代、オックスフォード大学で体育会のバスケットボール部に所属していた。私たちは死ぬほど練習し、そのシーズンに地区優勝を果たした。バスケット部の仲間は、私がそれまでの人生で得た最高の友人たちだった。チームは、アメリカのNCAA（全米大学体育協会）バスケットボール・トーナメントと同じようなイギリスの大学選手権に出場し、決勝戦に進出した。しかし、その試合は日曜日に開かれることがわかった。私は16歳のときに、日曜日には球技をしないと神に誓っていた。

私は監督のところへ行き、その個人的な問題を打ち明けた。彼は、信じられないといった様子だった。チームメートもそうだった。私のポジションはセンター（主にゴール近くのオフェンスとディフェンスの両方を担当する）で、先発メンバーだったからである。チーム全員が私のところにやってきて言った。「絶対に出なきゃだめだ。今回だけ、そのルールを破れないのか」

私は信心深い人間なので、一人になって、自分がどうすべきかを祈った。そして「誓いを破るべきではない」とはっきりと感じた。したがって、決勝戦には出なかった。

それは、どこから見ても小さな決定だった。私の人生に何千回とある日曜日のなかの一つをどう過ごすかという問題にすぎない。もちろん理屈のうえでは、一度だけその誓いを破って、二度と破らないというのも可能だっただろう。

しかし振り返ってみると、「この状況なら一度くらい許されるだろう」というこの誘惑に打ち勝ったことが、私の人生で最も重要な判断の一つであったことは間違いない。なぜかというと、人生は「例外が許されてもいい特別な状況」が果てしなく続くものだからだ。私がその一度だけ足を踏み外していたら、その後の人生で繰り返し同じことをしていたに違いない。

私がこのことから学んだ教訓は、「自分のルールを98％守るより、100％守るほうがたやすい」ということだ。

もし限界費用の分析に従って、同級生の何人かがそうしたように、「この一度だけ」の誘惑に負けてしまえば、最後には後悔することになるだろう。自分自身のために、自分は何を守るのかを決めて、安全な場所に線を引かなければならない。

「謙虚」であることの大切さを忘れない

私が「謙虚であることの大切さを忘れてはならない」という洞察を得たのは、ハーバード大学の学部生向けに謙虚さをテーマにした授業を頼まれたときだった。私は学生全員に、自分が知るなかでいちばん謙虚な人を描写するよう求めた。それらの謙虚な人たちには、ある一つの際立った特徴があった。みな「高い自尊心」を持っていたのである。謙虚な人は自分が何者かを知っており、そのことに満足している。

また、謙虚さは卑屈な行動や態度ではなく、他者を敬う気持ちから生まれるものだということもわかった。善行は、この種の謙虚さから自然に生じてくる。たとえば、ある人物のことをとても尊敬していれば、けっしてその人の物を盗もうとは思わない。また、嘘をつくこともないだろう。

外の世界に踏み出すとき、絶対に謙虚な気持ちを忘れてはいけない。あなたがトップレベルの大学院に入学するまでに得た学びはほぼすべて、両親や教師、上司など、自分より賢く、自分より経験豊富な人々から得たものだ。

しかし、HBSやその他の一流の教育機関を卒業したあとは、あなたたちが日々つき合う人たちの大部分は、あなたたちほど賢くないかもしれない。だから、もしあなたたちが自分より賢い人からしか学ぶものがないという態度なら、学習の機会はひどく限られたものになるだろう。しかし、すべての人から何かを学ぼうという謙虚な意欲があれば、学習の機会は無限に広がる。

一般に、自分自身に本当に満足している場合のみ、人は謙虚になれる。そして、人は自分自身に満足できている人のことを助けたいと思うものだ。

他者に対して攻撃的で、傲慢で、傷つけるような行動に出る人たちを見ると、その行動はほとんど例外なく自尊心の欠如を表している。このような人々は、だれか他人を引きずり下ろすことでしか自分に自信を持てないのである。

「正しい物差し」を選ぶ

私は1年前に、ガンと診断され、思っていたよりも早く人生の最後を迎えるかもしれないという可能性に直面した。ありがたいことに、いまではもう少し長生きできそうだ。しかし、この経験は人生に大切な洞察を与えてくれたと思う。

私は、私の研究を利用した企業がそのアイデアからどれほど巨額の富を得てきたか、ちゃんとわかっている。つまり、自分がそれなりの影響力を持っていることを承知している。しかし、ガンになってみて、その影響力がいまの私にとっていかに重要でないかがわかったのは興味深かった。そして、神が私の人生を評価する物差しは、お金ではなく、私が関わりを持った一人ひとりであるという結論にたどり着いた。

それは、われわれみんなに言えることだと思う。自分がどれだけ高い名声を得られたかに気をやむことはない。そうではなく、どれだけ他者がよりよい人間になるよう助けたかを気にすべきである。

私の最後のアドバイスは次のとおりだ。まず人生を評価する物差しについて考えなさい。次に、最後になって自分の人生は成功だったと評価できるように毎日を生きる決意をしなさい。

行動のための
手引き

クリステンセンがこの教えを説いた
ハーバード・ビジネススクール2010年度卒業生の進路

FBIに、スペシャル・アドバイザーとして就職（幹部候補生）

ビジネススクールに入学したときには、自分のやりたいことがはっきりとわかっているつもりでした。でも卒業するいまでは正反対の仕事を選ぼうとしています。これまでは、ずっと民間企業で働いてきました。というのも、それが賢い人の行くところだといつもみんなに言われていたからです。ですが、政府の仕事に挑戦して、より意味のあることが見つかるか試してみることに決めました。

――ルハナ・ハフィズ

ベイン・キャピタルに就職

ＨＢＳでは目に見える変化が起きている。以前は、職探しでいちばん重要なのは報酬だった。大金を稼ぐと、もっとお金がほしくなる。皮肉なことだ。そうなると、何が幸せの源か、本当に大切なものは何かを忘れはじめる。いまでは多くの学生が、お金を違う目で見ている。受講生たちは、「自分が最低限必要なお金はどのくらいだろう。そして、お金以外では何が人生にとって重要だろう」と考えるようになり、「その両方を最も多く手に入れられる場所はどこか」とは考えなくなった。

――パトリック・チュン

ベッセマー・ベンチャー・パートナーズに就職

金融危機のおかげで、私は、本当に自分が好きなことをやるべきだと気づいた。私がいま描いている成功のイメージは、お金や名声の追求よりも、私が与えることのできる影響や、得られる経験、個人的な幸せに基づいている。私の主なモチベーションは、①家族や大切な人と一緒にいること、②楽しく、わくわくして、インパクトが大きなことをすること、③世界の仕組みを変えるような企業を築く、起業家としての長期的なキャリアを追求することだ。

——マット・サルツバーグ

マッキンゼーにもどる

私はマッキンゼー・アンド・カンパニーにもどるので、おそらくほとんど何も変わっていないように思われるだろう。しかし、HBSにいるあいだ、私はケネディスクールとかけ持ちして両方の学位を取ることにした。2008年の大統領選挙や不安定な経済を経験し、政府や非営利セクターをもっと理解することが欠かせないと思ったからだ。ある意味、それがマッキンゼーにもどると決めた理由になった。そこでは民間と政府と非営利セクターを探求するチャンスがあるからだ。

不況のおかげで、私たちは一歩退いて、自分たちがいかに幸運か考えられるようになった。いまの自分たちにとって、危機とは「4月までに仕事が見つかるか」という問題にすぎないが、多くの人にとって、危機とは「自分の家に住み続けられるか」という問題なのだ。

——ジョン・コールマン

Chapter 2

自分をマネジメントする

自分の強み、仕事の仕方、価値観を知る

旧邦題：自己探求の時代

——ピーター・F・ドラッカー

自己の強みは何か

ナポレオン・ボナパルト、レオナルド・ダ・ビンチ、アマデウス・モーツァルトのような偉人は、自己をマネジメントしたからこそ、偉業を成し遂げた。もちろん彼らは例外であって、才能にせよ、業績にせよ、常人の域をはるかに超えた。

ところがこれからは、普通の人たちも、自己をマネジメントできなければならない。自己の力を発揮していかなければならない。大きな貢献が可能な適所に自己を置かなければならない。職業生活は50年にも及ぶことになる。その間、生き生きと働けなければならな

い。自分の仕事をいつ、いかに変えるかさえ知らなければならない。

自己の強みと信じているものは、たいていが見当違いである。知っているのは、強みならざるものである。それさえ見当違いのことが多い。何事かを成し遂げるのは、強みゆえである。弱みによって何かをまっとうすることはできない。もちろん、できないことから成果を生み出すことなど、とうていできない。

人類の歴史において、ほとんどの人たちにとっては、自己の強みを知ったところで意味がなかった。生まれながらにして、地位も仕事も決まっていた。農民の子は農民となり、職人の子は職人になった。ところが今日では、選択の自由がある。したがって、自己の適所がどこであるかを知るために、自己の強みを知ることが必要になっている。

フィードバック分析

自己の強みを知るには、フィードバック分析しかない。すなわち、なすべきことを決めたり、始めたりしたならば、具体的に書き留めておくのである。そして9カ月後、1年後に、その期待と実際の結果を照らし合わせなければならない。私自身、これを50年続けており、そのたびに驚いている。

私の場合、たとえば、エンジニア、会計士、マーケット・リサーチャーなどのスペシャリストについては、その仕事の本質を直感的に理解できることがわかった。その一方でゼネラリストについては、ただちに理解できないことがわかった。

このフィードバック分析は新しい手法ではない。14世紀にドイツの無名の神学者が始めたものである。その150年後、ジャン・カルバン（1509〜1564年）とイグナチウス・ロヨラ（1491〜1556年）が、奇しくも同時に採用し、それぞれの弟子たちに実行させた。彼らの創設したプロテスタントのカルバン派やカトリックのイエズス会が、わずか30年で支配的な力を持つに至ったのは、この手法によるところが大きかった。なぜなら、仕事と成果への集中をもたらしたからである。

このフィードバック分析を実行に移すならば、2、3年という短期間に、自己の強みが何であるかが明らかになる。自己について知るうえで、強みを知ることこそが最も重要である。しかも、すでに行っていることや、行っていないことのうち、自己の強みを発揮するうえで邪魔になっていることまで明らかになる。もちろん得意でないこともしかりである。まったく強みが発揮できないこと、不可能なことも明らかになる。

強みを生かすために何をなすべきか

フィードバック分析から、いくつかの行うべきことが明らかになる。

第1は、こうして明らかになった強みに集中することである。成果を生み出すものへ、その強みを集中させなければならない。

第2は、その強みをさらに伸ばすことである。フィードバック分析は、伸ばすべきスキルや、新たに身につけるべき知識を明らかにする。知識の欠陥を教える。通常、それらの欠陥はだれでも正すことができる。数学者になるためには才能が必要だが、三角法はだれでも学べる。

第3は、無知の元凶ともいうべき知的傲慢《ごうまん》を知り、正すことである。多くの人たち、特に一芸に秀でた人たちは、他の分野をばかにしがちである。他の知識などなくとも十分だと思う。一流のエンジニアは、人間について何も知らないことをむしろ鼻にかける。彼らにすれば、人間というものは、エンジニアリング的な視点からは理解しにくく、あまりに不合理な存在である。逆に、人事部門の人間は、会計や定量的な手法を知らないことを鼻にかける。そのような自己の無知をひけらかす態度は、つまずきの原因になる。自己の強みを十分に発揮するうえで必要な技能と知識は、必ず習得しなければならない。

第4は、自己の欠陥、すなわち、自己が行っていること、あるいは行っていないことのうち、成果の妨《さまた》げになっていることを改めることだ。そのいずれもが、フィードバック分析によって明らかになるはずだからである。たとえば、せっかくの企画が失敗したのは、十分にフォローしなかったためであることが明らかになる。有能な人間の常として、優れた企画ならば山をも動かすはずであると思っていたに違いない。だが、山を動かすのはブルドーザーである。企画は、しょせんそのブルドーザーをどこで動かすべきかを示すだけである。企画ができ上がったからといって、仕事が終わったわけではないことを知らなければならない。実行してくれる人たちを探し、きちんと説明しなければならない。必要に応じて企画を変更しなければならない。いつ諦《あきら》めるべきかさえ決めなければならない。

第5は、人への接し方を改めることである。人への接し方は、人間からなる組織において潤滑油《じゅんかつゆ》である。複数の物体が接して動けば摩擦《まさつ》を生じることは、自然の法則である。人間も同じである。「お願いします」や「ありがとう」の言葉を口にすること、名前や誕生日を覚えていること、家族のことを聞くことなどの簡単なことが、好き嫌いに関係なく、いっしょに仕事を進められるようになる。頭のよい人たち、特に若い人たちの多くが、このことを知らない。もし素晴らしい仕事が、人の協力を必要とする段階でいつも失敗するようなら、一つの原因として、他人への接し方、礼儀に欠けるところがあるに違いない。

第6は、できないことはしないことである。人には、苦手であって、並の水準にも達しえないことがいくつもある。そのような分野の仕事を引き受けてはならない。

第7は、並以下の能力を向上させるために、無駄な時間を使ってはならない。強みに集中すべきである。無能を並の水準にするには、一流を超一流にするよりも、はるかに多くのエネルギーを必要とする。しかるに、あまりに多くの人たち、組織、そして学校の先生たちが、無能を並にすることに懸命になりすぎている。資源にしても時間にしても、有能な人間をスターにするために使わなければならない。

仕事の仕方を自覚する

驚くほど多くの人たちが、自分の得意とする仕事の仕方を自覚していない。仕事にはいろいろな仕方があることさえ知らない。得意でない仕方で仕事をし、当然、成果が上がらないという状況に陥っている人が多い。しかるに、知識労働者にとっては、強みよりも、むしろ得意とする仕事の仕方のほうが、重要とさえ言ってよいくらいである。

自己の強みと同じように、仕事の仕方も人それぞれである。それは、個性というものである。生まれつきのものか、それまでの人生によるものかは別として、それらの個性は、仕事に就《つ》くはるか以前に形成されている。

したがって仕事の仕方は、強みと同じように、与件《よけん》である。多少修正はできても、変更できない。少なくとも簡単ではない。そして、ちょうど強みを発揮できる仕事で成果を上げられるように、人は得意な仕方で成果を上げる。仕事の仕方には、いくつかの要素がある。

読んで理解するか、聞いて理解するか

最初に知っておくべきことは、読んで理解する人間か、聞いて理解する人間か、ということである。

ところが、世のなかには、読んで理解する「読み手」と、聞いて理解する「聞き手」がいるということ、しかも、両方である者はほとんどいないということを知らない人が多い。みずからがそのいずれであるかを認識している人はさらに少ない。これを知らないことがいかに大きな弊害をもたらすかについては、いくつかの実例がある。

第二次世界大戦中、連合軍のヨーロッパ最高司令官を務めていた頃のドワイト・アイゼンハワーは、記者会見では花形だった。彼の会見の素晴らしさは広く知れわたっていた。あらゆる質問に答えられた。状況と戦術を簡潔に、しかも洗練された表現で話した。

アイゼンハワーは10年後にアメリカ大統領となったが、今度は同じ記者たちからばかにされた。質問に答えられず、関係のないことを延々と話した。間違った文法で英語を汚しているとさえ評された。彼は自分が読み手であって、聞き手ではないことを自覚していなかった。連合軍最高司令官だった頃は、会見の少なくとも30分前には、広報担当者が記者の質問を書いて渡していた。そのため質問のすべてを掌握していたのだった。

一方、大統領としての彼の前任者、フランクリン・ルーズベルトとハリー・トルーマンは聞き手だった。二人はそのことを知っており、自由質問による会見をむしろ楽しんでいた。アイゼンハワーは、前任者と同じかたちで会見をしなければならないと思い込んでいた。だが、耳では記者の質問を理解できなかった。アイゼンハワー以上に聞き手でない者は大勢いる。

その数年後、今度はリンドン・ジョンソンが同じく大統領として、アイゼンハワーとは逆に、自分が聞き手であることを知らなかったために失敗した。自分が読み手であることを知っていた彼の前任者のジョン・ケネディは、補佐役として最高の書き手を集めており、問題の検討に入る前に、書いたものを必ず要求していた。ジョンソンは、それらの書き手をそのまま引き継いだ。書き手たちは、次から次へとメモを提出した。しかし、ジョンソンがそれらを一度も理解しなかったことは明らかだった。彼は、上院議員だった頃は有能だった。だいたいにおいて、議員というものは聞き手である。

聞き手が読み手になることは難しい。逆についてもいえる。したがって、読み手として行動する聞き手は、ジョンソンと同じ道をたどる。逆に、聞き手として行動する読み手は、アイゼンハワーと同じ運命をたどる。何事もできず、何事もなしえない。

学び方を知る

仕事の仕方について知っておくべきもう一つの側面が、学び方である。ウィンストン・チャーチルをはじめ、世界の一流の著述家の多くが、なぜか学校の成績が悪い。本人たちも学校がおもしろくなかったと述べている。もちろん、同窓の生徒全員がそうだったわけではない。だが彼らにとっては、学校はおもしろくないどころか、退屈そのものだった。

原因は、後に著述家になった彼らが、聞くことや読むことによっては学べなかったことにあった。彼らは、自分で書くことによって学ぶという種類の人たちだった。だが、そのような学び方をさせている学校はない。それゆえの成績の悪さだった。

学校は、学び方には唯一の正しい方法があり、それはだれにとっても同じであるという前提に立つ。したがって学び方が大きく違う生徒にとっては、学校での学び方は苦痛以外の何物でもない。学び方には、それこそ1ダースほども違う方法があるのではないか。

チャーチルのように、書くことによって学ぶ人たちがいる。メモを取ることによって学ぶ人たちもいる。たとえばルートヴィヒ・ヴァン・ベートーヴェンは、膨大な量の楽譜の断片を残した。しかし作曲の時にそれらを見ることはなかった。「なぜ楽譜に書くのか」と聞かれて、彼は、「書かないと忘れる、一度書けば忘れない、だからもう見る必要はない」

と答えたという。

さらには、実際に行動することによって学ぶ人たちがいる。また、自分が話すのをだれかに聞いてもらうことによって学ぶ人たちがいる。

同族経営の中小企業を世界でもリーダー的な大企業に育て上げたある人は、自分が話すことによって学ぶというタイプだった。彼は平均して週1回、主な経営幹部を集めて半円形に座らせ、2、3時間ほとんど一方的に話をした。あらゆる問題について3つの答えを示し、検討していった。意見を聞いたり、質問させることはほとんどなかった。話を聞いてくれる者を必要としていただけだった。それが彼の学び方だった。たしかにこのケースは極端である。だが例外ともいえない。事実、成功している法廷弁護士のなかには、このタイプが多い。診断を専門とする医師にも多い。私自身もそうである。

自己の学び方がどのようなものであるかは、容易にわかる。得意な学び方はどのようなものかと聞けば、ほとんどの人が答えられる。しかし、それでは実際にそうしているのかと尋ねれば、そうしている人はほとんどいない。自己の学び方についての知識に基づいて行動することこそ、成果を上げるためのカギである。あるいは、その知識に基づいて行動しないことこそが、失敗を運命づけるものである。

理解の仕方と学び方こそ、仕事の仕方に関して最初に考えるべき最も重要な問題である。だが、それだけでは十分ではない。だれかと組んだほうがよいか、一人のほうがよいかも知らなければならない。もし組んだほうがよいのであれば、どのように組んだ時によい仕事ができるのかを知らなければならない。

一部門の責任者として最高の人たちがいる。そのよい例が、第二次世界大戦中のアメリカの英雄ジョージ・パットン将軍だった。彼は最高の部隊司令官だった。ところが、連合軍のヨーロッパ総司令官に任命するかどうかが検討された時、アメリカ史上最高の人事の名人ともいうべき参謀総長ジョージ・マーシャル将軍が、パットンは最高の部門責任者ではあっても、地域軍の総司令官としては適切ではないと言ったという。

チームの一員として、最高の人たちがいる。一匹狼として、最高の人たちがいる。教師や相談役として最高の人たちがいる。もちろん、相談役としてはまったく価値のない人たちもいる。

さらに重要な問題として、意思決定者と補佐役のいずれとしてのほうが成果を上げられるか、という問題がある。補佐役としては最高でありながら、意思決定を下す重責には耐えられない人たちが大勢いる。また逆に、補佐役を必要とはするが、自信を持って勇気ある意思決定を迅速に下すことのできる人たちがいる。ナンバー・ツーとして活躍していても、トップになったとたんに挫折《ざせつ》する人がいるのは、このためである。トップの座には、意思決定を下す能力が不可欠である。

強力なトップは、信頼できる補佐役としてナンバー・ツーを必要とする。ナンバー・ツーは、ナンバー・ツーとして最高の仕事をする。ところが、トップに起用されたとたん、仕事ができなくなる。意思決定すべきことは理解している。しかし、意思決定の重責を担えない。

仕事の仕方については、さらに知っておくべきことがある。緊張や不安があったほうが仕事ができるか、安定した環境のほうが仕事ができるか、である。さらには、大きな組織のほうが仕事ができるか、小さな組織のほうが仕事ができるか、である。どちらでもよいという人はほとんどいない。大きな組織で成功しながら、小さな組織に移ったとたん無惨に失敗するという例を、私自身たくさん目にしてきた。逆のケースについても同じことがいえる。

これらのことから導き出される結論は、きわめて重要である。いまさら自己を変えようとしてはならない。うまくいくわけがない。それよりも、自己の仕事の仕方をさらに磨いていくことである。得意でないことや、できないことにあえて挑んだりしてはならない。

自己にとって価値あることは何か

自己をマネジメントするためには、自己にとって価値あるものが何であるかについても知らなければならない。これは、いわゆる倫理とは別の問題である。倫理については、原則は一つである。しかも、判断の方法は簡単である。ミラー・テストを用いればよい。

今世紀初めヨーロッパで最も尊敬されていた外交官は、当時の駐英ドイツ大使だった。やがては母国の首相、少なくとも外務大臣と目されていた。ところが、1906年、在ロンドンの外交団がエドワード7世を迎えて大晩餐会を開くことになった時、突然辞任した。好色家として有名だったエドワード7世からは、晩餐会の趣向について明確な意向が伝えられていた。この大使は、「晩餐会の翌朝に髭《ひげ》を剃ろうとしたら、そこに映るのは客引きの顔だろう。私はそんな顔など見たくない」と言ったという。

これがミラー・テストである。倫理の問題とは、朝、鏡でどのような人間の顔を見たいのかというだけの問題である。このように倫理の問題は、組織や状況で変わるものではない。ところが、倫理が価値観のすべてではない。

組織の価値観との共存

組織の価値観が自分のそれと違うならば、欲求不満に陥り、ろくな仕事ができなくなる。

ここに際立った例がある。ある有能な人事担当役員が買収によって移籍した。彼女は実績もあり、移籍先の会社で主要ポストの人事についても責任を負わされていた。彼女は、主要ポストは、内部に人材がいない時にのみ、外から招くべきものだと固く信じていた。

ところが、移籍先の会社では、主要なポストが空いた時には、新しい血を注入するために、外部に人材を求めることを原則としていた。

どちらにも理由はあった。私に言わせれば、両方とも必要である。だが、この二つの考え方には、単なる制度の違いではなく、価値観に関わる根本的な違いがある。働く者と組織との関係、働く者のキャリアに対する組織の責任、働く者の組織への貢献のあり方について、価値観が異なっているのだ。こうした状況が何年か続いた後、この女性役員は、収入面では大きな痛手だったが、会社を辞めた。価値観の違いが原因だった。

医薬品メーカーの場合、地道に小さな改善を積み重ねるか、革新的な製品を手掛けるかは、単に収益上の問題ではない。業績としては同じようなものかもしれない。だがそれは、医薬品メーカーは、医師が効率的に仕事ができるようにするために貢献すべきか、医療上の革新をもたらすために貢献すべきか、という価値観に関わる問題である。

短期的な利益のために経営するか、長期的な成長のために経営するかという問題もまた、価値観に関わる問題である。アナリストたちは、同時に追求できると言う。問題がそれほど単純でないことは、経営者ならばだれでも知っている。短期的な利益も長期的な成長も必要である。しかしこの二つが対立する時、それぞれの企業が、それぞれの価値観に従って意思決定を下さなければならない。問題は経済性ではない。企業の機能と経営の責任に関わる価値観の違いである。

価値観の対立は、企業だけに見られるものではない。

アメリカのある大教会では、教会に新しく礼拝に訪れる人たちの数を重視している。より多くの人たちが毎週礼拝に参加することが大切であると言う。後は神の御手《みて》がかれらを救う。あるいはそのうちの何人かを救う。これに対して、別のある大教会では、大切なことは一人ひとりの信仰であると言う。ただ訪れるだけの人には関心がない。ここでの問題は信者の数ではない。一見したところでは、後者の信者はあまり増えそうにない。ところが実際には、後者のほうが、初めて教会を訪れた人たちを確保している。確実に信者を増やしている。これは、神学の問題ではない。組織としての価値観の問題である。

ある時、両方の教会の牧師が、公開の場で討論した。一方は、教会へ足を運んでもらわなければ天国の門は見つからないと言い、他方は、天国の門を見つけようとしなければ、教会に来たことにはならないと言っていた。

組織にも、それぞれ価値観がある。人間と同じである。組織において成果を上げるためには、働く者の価値観と、組織の価値観が矛盾してはならない。同じである必要はない。だが、共存できなければならない。さもなければ、心楽しからず、成果も上がらない。

強みと仕事の仕方が合わないことはあまりない。両者は補完的である。ところが、強みと価値観が相容れないことは珍しくない。得意なこと、最も得意なことが、自己の価値観とずれていることがある。人生のすべて、あるいはその一部を割くに値しないと思える。

私自身の例を紹介したい。若い頃、現実に成功していることと価値観が違うことに悩んだ経験がある。1930年代の半ば、ロンドンでインベストメント・バンカーとして働き、順風満帆だった。強みを存分に発揮していた。しかし、資金のマネジメントという仕事では、世のなかに貢献しているという実感が持てなかった。私にとって価値あるものは、金ではなく人だった。人生を終えた時金持ちになっていることに価値を見出せなかった。

特に貯えがあるわけでも、就職の当てがあるわけでもなかった。当時は大恐慌のさなかだった。しかし私は辞めた。正しい行動だった。つまるところ、優先するもの、優先すべきものとは価値観である。

所を得る

自己の適所を子どもの頃から知ることのできる者はわずかである。数学者、音楽家、料理人などは、4、5歳の頃に決まってしまう場合がある。医師も10代で決まっていることがある。しかしその他の仕事では、かなり特別な能力を持っている者でさえ、自己の適所を知るのは、20代半ばをかなり過ぎてからである。やがて、自己の強みがわかってくる。自己の仕事の仕方もわかってくる。自己の価値観もわかってくる。したがって、得るべき所も明らかとなる。

逆に、自己にふさわしくない場所も明らかとなる。大組織では成果を上げられないことがわかったならば、よい地位を与えられても断らなければならない。意思決定を下すことが苦手であるとわかったならば、意思決定の必要な仕事は断らなければならない。(おそらくパットン将軍は自覚していなかったであろうが)パットン将軍のような人たちは、独立した組織のトップの座を打診されても断らなければならない。

もちろん、自己の強み、仕事の仕方、価値観がわかっていれば、チャンス、職場、仕事について、「私がやりましょう、私のやり方はこうです、こういうものにすべきです、他の組織や人との関係はこうなります、これこれの期間内にこれこれのことを仕上げられます、私こそうってつけですから」と言えるようになる。

最高のキャリアは、あらかじめ計画して手に入れられるものではない。自己の強み、仕事の仕方、価値観を知ることによって、チャンスをつかむ用意のある者だけが手にできる。なぜならば、得るべき所を知ることによってのみ、普通の人、単に有能なだけの働き者が、卓越した人物となるからである。

なすべき貢献は何か

人類史上ほとんどの人間が、自己のなすべき貢献を考える必要がなかった。貢献すべきことは決まっていた。農民や職人のように、仕事で決まっていた。家事使用人のように、主人の意向で決まっていた。しかもごく最近まで、ほとんどの人が、言われたことを処理するだけの従者であることが当然とされていた。

1950年代、60年代、新しく現れた知識労働者は、（組織人として）自己のキャリア形成を人事部に期待した。しかし60年代が終わらないうちに、知識労働者は自分が何をしたいのかを自分で考えなければならなくなった。そして自分のしたいことをすることが貢献であるとされた。だが、この答えもまた、間違いであることが明らかになった。したいことをするのが、貢献、自己実現、成功につながると考えた人たちのうち、実際にそれらを得た者はあまりいなかった。

もはや、かつての答え、すなわち、決まったことや言われたことをする時代に戻るわけにはいかない。特に知識労働者たる者は、なすべき貢献は何でなければならないのか、という新しい問題を自問自答しなければならない。なすべき貢献は何であるかという問いに答えを出すには、3つの要素を考える必要がある。

第1は、状況が何を求めているのかである。第2は、自己の強み、仕事の仕方、価値観からして、いかにして最大の貢献をなしうるかである。第3は、世のなかを変えるためには、いかなる成果を具体的に上げるべきかである。

ここに、ある病院の新任の院長の例がある。由緒ある大病院だが、すでに30年の長きにわたって、名前にあぐらをかいていた。その新任の院長は、2年間で、何か一つ重要な部門を超一流にすることが、自分にできる最大の貢献であると考えた。そこで、規模が大きく、注目を集めやすいにもかかわらず、ずさんな状態になっていた救急治療室に目をつけた。彼は、運び込まれた救急患者は必ず1分以内に、資格のある看護師に診させることにした。1年後、この救急治療室は、全米のモデルとされるまでに改善された。2年後には、病院全体が一変した。

この例に明らかなように、あまり高い目標を立てても、実現できなければ意味がない。期限はせいぜい1年半とし、具体的なものとしなければならない。したがって、考えるべき問題は、1年半のうちに自分が変えられるものは何であり、それをいかにして行うかである。答えは、いくつかの要因をバランスさせたものでなければならない。

第1に、目標は、難しいものにしなければならない。流行《はや》りの言葉で言えば、「ストレッチ」できるものでなければならない。とは言うものの、実現可能でなければならない。不可能なことを目指したり、不可能なことを前提とすることは、野心的と呼ぶに値しない。単なる無謀である。第2に、意味のあるものでなければならない。世のなかを変えるものでなければならない。第3に、目に見えるものであって、できるだけ数字で表せるものであることが望ましい。そこから具体的な行動が明らかとなる。行うべきこと、始めるべきこと、目標、期限が明らかとなる。

互いの関係に責任を負う

一人で働き、一人で成果を生み出す人はわずかである。一握りの偉大な芸術家、一握りの偉大な科学者、一握りの偉大なスポーツ選手だけである。ほとんどの人が、他の人々と共に働き、他の人々の力を借りることで成果を上げる。特定の組織に属していようが、独立していようが関係ない。したがって成果を上げるには、第三者との関係について責任を負わなければならない。そこには二つの課題がある。

他の人々を受容する

一つの課題は、他の人々もまた自分と同じように人間である、という事実を受け入れることである。だれもが人として行動する。すなわち、それぞれが、それぞれの強みを持ち、それぞれの仕事の仕方を持ち、それぞれの価値観を持つ。したがって成果を上げるためには、共に働く人の強み、仕事の仕方、価値観を知らなければならない。

これは当然のことに思われる。しかし、このことを肝に銘じている者はほとんどいない。その典型が、最初の上司が読み手だったために書くことに慣れてしまった者である。次の上司が聞き手であっても、彼は報告書を書き続け、何の役にも立てないことになる。無能、怠惰《たいだ》と見なされ、落後していく。しかしこれは、新しい上司を観察し、どう仕事を進めているのかを知れば避けられることである。

上司とは、肩書きでもポストでもない。ましてや単なる機能でもない。自分なりの仕方で仕事を処理する一人の人間である。その上司を観察し、仕事の仕方を理解し、彼らが成果を上げられるようにすることは、部下たる者の責任である。これが上司をマネジメントするコツである。

同じことは、共に働く人全員についていえる。それぞれが、それぞれ違う仕方で仕事をする。それぞれの仕方で仕事をして当然である。くわえて、それぞれに強みと価値観がある。これらのすべては、人によって違う。したがって、成果を上げる秘訣の第一は、共に働く人たち、自分の仕事に不可欠な人たちを理解し、その強み、仕事の仕方、価値観を生かすことである。仕事は、仕事の論理だけでなく、共に働く人たちの仕事ぶりに依存している。

コミュニケーションについて責任を負う

もう一つの課題は、コミュニケーションについて責任を負うことである。私に限らず、コンサルタントの仕事をすると、必ず、組織内のあつれきを耳にする。しかし摩擦のほとんどは、相手の仕事、仕事の仕方、重視していること、目指していることを知らないことに起因している。そしてその原因は、互いに聞きもせず、知らされてもいないことにある。

これは人間の愚かさというよりも、人間の歴史のほうに原因がある。ついこの間まで、これらのことは、だれかに話す必要がなかった。中世の都市では、同じ地区の者は同じ仕事をしていた。農村では、谷間のだれもが霜《しも》が解ければ同じ穀物を植えていた。他方、他の人とは違う仕事をしていたごくわずかの人たちは、一人で働いていた。そのため、自分のしていることを説明する必要がなかった。

ところが今日では、違う責任を負い、違う仕事をする人たちが、一緒に働く。販売部門出身のマーケティング担当役員は、販売のことなら何でも知っているが、価格、広告、包装については何も知らないし、経験がない。とするならば、それらの担当者にとっては、自分の仕事、その必要性、方法、目標について、それぞれが役員に伝えることが責務となる。

販売部門出身の役員が、そうしたスペシャリストの仕事と行動を理解できないとすれば、責任はその役員にではなく、スペシャリストのほうにある。教えていないことが悪い。もちろん役員のほうも、自分がマーケティングについてどう考えているのかを、みんなに知らせる責任がある。自己の目標、仕事の仕方、行おうとしていること、期待していることとを知らせなければならない。

しかし、他の人々との関係について責任を持つことの重要性をかなり認識している人でさえ、実際には十分なコミュニケーションを行っていない。押しつけがましい、詮索《せんさく》好き、何も知らない、などと思われたくないと考えている。

これは完全な間違いである。共に働く人たちの所に行って、自己の強み、仕事の仕方、価値観、目指す貢献、目標としている成果を話してみれば、反応は必ず「聞いてよかった。どうしてもっと早く言ってくれなかったか」である。しかも、「それでは、あなたの強み、仕事の仕方、価値観、目指したい貢献について知っておくべきことはないか」と聞くならば、ここでも「どうして早く聞いてくれなかったか」である。知識労働者たる者はすべて、部下、同僚、チームのメンバーにこれらのことを聞かなければならない。常に反応は、「よくぞ聞いてくれた」である。

もはや組織は、権力によっては成立しない。信頼によって成立する。信頼とは好き嫌いではない。相互理解である。したがって互いの関係について互いに責任を負うことが不可欠である。それは責務である。組織の一員であろうと、組織へのコンサルタントであろうと、取引先であろうと、流通業者であろうと、だれもが、共に働く者、依存する者、依存される者すべてに対して、この責務を果たさなければならない。

第二の人生

ほとんどの人間にとって、労働とは肉体労働を意味していた時代には、第二の人生を考える必要はなかった。それまでやってきたことを続けていればよかった。製鉄所や鉄道会社で40年も働けば、後は何もしないで幸せだった。ところが今日、労働とは知識労働を意味するようになった。知識労働者は、40年働いても終わりにはならない。単に退屈しているだけである。

今日、経営幹部クラスの中高年層の危機がよく話題になる。原因は主として倦怠《けんたい》である。45歳ともなれば、仕事上のピークに達する。そう自覚もする。20年も同じことを続けていれば、仕事はお手のものである。ただし、もはや学ぶことも、貢献することも、心躍ることも、満足することもない。だが、あと20年、25年は働ける。したがって、第二の人生を設計することが必要となる。

第二の人生の問題は、三つの方法によって解決できる。

第一の方法は、文字どおり第二の人生を始めることである。単に組織を替わることであってもよい。大企業の事業部の経理責任者が、病院の経理部長になっていく。一方、まったく職業を変えてしまう人たちも増えている。企業や官庁で立派な仕事をしていながら、

45歳で聖職に入る人がいる。企業で20年働いた後、ロースクールに入り、やがて小さな町で法律事務所を開業する人がいる。

こうして、仕事がうまくいっているにもかかわらず、第二の人生を始める人が増えていく。能力は十分にあり、自己の仕事の仕方も心得ている。子どもは独立して出て行った。地元のコミュニティで仕事をしたい。もちろん何がしかの収入はほしい。そして何よりも、新しいことにチャレンジしたい。

第二の方法は、パラレル・キャリア（第二の仕事）を持つことである。うまくいっている第一の仕事は正社員として、あるいは非常勤やコンサルタント的な契約社員として続ける。しかし、もう一つの世界をパラレル・キャリアとして持つ。多くの場合、非営利組織で働く。週10時間といったところであろう。たとえば、教会の運営を引き受ける、地元のガールスカウトの会長を務める、夫の暴力から逃れてきた女性のための保護施設をサポートする。地元の図書館で、パートの司書として子どもたちを担当する。同じく、地元で教育委員会の委員になる。

第三の方法は、ソーシャル・アントレプレナー（篤志家《とくしか》）になることである。これは最初の仕事で大きな成功を収めてきた人たちである。仕事は好きだが、もはや心躍るものではなくなった。そこで仕事は続けるが、それに割く時間は減らしていく。そして新しい仕事、特に非営利の仕事を始める。たとえば私の友人ボブ・バフォードは、テレビ会社をつくって成功し、現在も経営している。ところが彼は、非営利組織をつくって、各地のプロテスタントの教会に手を貸している。最近はこれに加えて、彼のように本業を別に持ちながら、非営利組織をつくっている篤志家を助けている。

もちろん、だれもが第二の人生を持てるわけではない。これまでしてきたことをそのまま続け、定年の日を指折り待つ人たちのほうが多い。しかし、労働寿命が延びたことを、みずからと社会にとってのよい機会としてとらえることによって、模範となるべきは、数の少ないほうの人たちである。

ただし、第二の人生を持つには、一つだけ条件がある。本格的に踏み出すはるか前から、助走していなければならない。労働寿命の伸長が明らかになった30年前、私を含め多くの者が、ますます多くの定年退職者が、非営利組織でボランティアとして働くようになると予測した。だが、そうはならなかった。40歳、あるいはそれ以前にボランティアを経験したことがなければ、60歳になってボランティアになることは難しかった。

同じように、後に篤志家となった私の知人たちも、本業で成功するはるか前から、それらの事業に取り組んでいた。ある大企業の顧問弁護士は、モデル校の設立に手を貸している。その彼も、35歳頃にはすでに、いくつかの学校に法律上のことで助言を行っていた。40歳で教育委員になっていた。そのため50歳になって生活に余裕ができた時、モデル校の設立に取り組むことができた。彼は、いまでも大企業の主任法律顧問として、ほとんどフルタイムで働いている。実はその大企業も、彼が若い頃、弁護士として設立に手を貸したベンチャーが育ったものだった。

知識労働者にとって、第二の人生を持つこと、しかも若いうちから持つことが重要なのには、もう一つ理由がある。だれでも、仕事や人生で挫折《ざせつ》することがあるからである。昇進し損ねた45歳の有能なエンジニアがいる。十分な資格がありながら、有名大学の教授になることが絶望的になった42歳の立派な教授がいる。離婚や子どもに死なれるなどの不幸もある。

そのような逆境が訪れた時、趣味を超えた第二の関心事が大きな意味を持つ。そのエンジニアは、現在の仕事ではうまくいかないことを知る。しかしもう一つの仕事、たとえば教会の会計責任者としては立派な仕事をしている。あるいは、家庭は壊れたかもしれないが、もう一つのコミュニティが残されている。

これらの機会を持つことは、成功が極端に大きな意味を持つ社会では、きわめて重要である。そもそも人間社会には、成功なる概念はなかった。これまで人間は、祈りの言葉にもあるように、「みずからに備わった身分」にいられることが最高だった。そこから動くとすれば、身分が下がるしかなかった。

しかし、これからの知識社会では、成功が当然のこととされる。だが、全員が成功するなどということはありえない。ほとんどの者にとっては、失敗しないことがせいぜいである。成功する者がいれば失敗する者がいる。

したがって、一人ひとりの人間およびその家族にとっては、何かに貢献し、意味あることを行い、ひとかどであることが、決定的に重要な意味を持つ。ということは、リーダー的な役割を果たし、敬意を払われ、ひとかどとなる機会としての第二の人生、パラレル・キャリア、篤志家としての仕事が重要だということである。

自己をマネジメントすることは、やさしいことではなくとも、少なくとも当然のことのように思われる。そのための方法も、当然のことに思われるはずである。しかしそのためには、一人ひとりの人間、特に知識労働者たる者には、まったく新しい種類のことが要求される。

決められたことを処理するだけだった肉体労働者に代わり、自己をマネジメントする者としての知識労働者へと労働力の重心が移行したことが、社会の構造そのものを大きく変えつつある。これまでの社会は、たとえ意識することはなかったとしても、またいかに個を尊重していたにせよ、あくまでも、次の二つのことを前提としていた。

すなわち、第一に、組織は、そこに働く者よりも長命であって、したがって第二に、そこに働く者は組織に固定された存在である、ということを当然としていた。

ところが今日、その逆が現実となった。知識労働者は組織よりも長命であって、しかも移動自由な存在である。そしてその結果、彼ら働く者が自己をマネジメントしなければならなくなったということは、人間社会において一つの革命がもたらされることを意味している。

行動のための手引き

本物の「プロフェッショナル」になる5つのポイント

超一流の人生は、次の問いを自問自答することから築かれていく。

自分の「強み」は何か？

自分の強みを正確に知るには、フィードバック分析を利用する。重要な決断を下すたびに、期待する成果を書き留めるのだ。そして数カ月後、期待した成果と実際の成果を比較する。目の前にあることからパターンを探すことも大切だ。自分はどのような成果を生み出すことに長けているのか。自分の望む成果を手にするにはどのような能力を高めなければならないのか。どのような非生産的な習慣が、期待する成果の妨げになっているのか。成長の機会を見いだしたいなら、並以下の能力しかないスキル分野を磨くことに無駄に時間を使ってはならない。そうではなく、自己の強みに目を向け、それを伸ばすことだけに集中する。

自分の「仕事のスタイル」はどういうものか？

どうすれば一番成果を上げられるか。最も効率的に情報を処理できるのは、読んだときか、それとも人が話しているのを聞いていたときか。最も良い結果を出せるのは、だれかと組んだときか、それとも一人で取り組んだときか。最も成果を上げられるのは、自分で意思決定を下すときか、それとも重要な問題に対してだれかの相談役に徹しているときか。緊張があるときに絶好調になるのか、それとも十分に予測可能な環境で最高の成果を上げられるのか。

自分にとって「価値あること」は何か？

自分にとっての倫理は何か。価値があり倫理にかなった生き方をするにあたり、最も重要な責任は何か。自分が属する組織の倫理は、自分自身の価値観と共存するものか。そうでなければ、おそらくこの先、仕事で行き詰まり、満足のいく成果は出せないだろう。

自分が「いるべき場所」はどこか？

自分の強み、好きな仕事の仕方、価値観は何か。その内容を踏まえたうえで、どのような職場環境が自分に最も適しているかを考える。自分の適所を探し出せば、ごく普通の従業員から花形の存在へと変わるだろう。

自分にできる「貢献」は何か？

一昔前の時代では、従業員のなすべき貢献を企業が決めていた。だがいまは、それを決めるのは自分自身である。企業の業績向上に最大の貢献をするには、まず、状況が求めていることを見極める。それから、自分の強み、仕事の仕方、価値観を踏まえたうえで、組織の活動に最大の貢献をするにはどうすればいいかを考える。

Chapter 3

これで、時間は完全に支配できる

仕事の「サル」を手なずける

――ウィリアム・オンキン・ジュニア
ドナルド・L・ワス

「いつ」「何をするか」を自分で決めているか？

マネジャーはいつも「時間がない」と嘆き、部下たちはいつも「することがない」と嘆く。いったい、なぜそんなことになるのか？ ここでは、マネジャーが時間を管理する方法を探っていきたい。

まず、マネジャーの時間管理には「上司」「同僚」「部下」が関係する。

具体的には、次の三つに対応する時間について考える必要がある。

〈上司に対応する時間〉 上司の要求に応えるために使う時間。対応せずに無視すれば、直ちにその報いを受けることになる。

〈組織に対応する時間〉 同僚から協力を要請されたことに使う時間。この要求もやはり、無視すればその報いを受けることになるが、その場ですぐに自身が報いを受けるとは限らない。

〈自分のことに対応する時間〉 マネジャーが自ら考えた、または行うと同意したことに使う時間。とはいえ、この時間の一部は部下のために使うことにもなるので、その部分は「部下に対応する時間」と呼ぶべきである。よって、マネジャーが自分のために使える時間は「自由裁量時間」と呼ぶことになる。この時間に関しては、上司も組織も、本人が本来何をしようとしていたかはわからないため、たとえ最初に意図していたことを実際にやらなくても、その報いを受けることはない。

こうした要求に対応するには、「いつ」「何をするか」をマネジャーが自分でコントロールする必要がある。上司や組織からの要求を断れば、何らかのペナルティが科されるので断れない。だから、時間をどう管理するかは、「自分のことに対応する時間」の管理にかかってくる。

マネジャーは、部下に対応する時間を最小限に抑えることで、自由裁量の時間を増やす努力をしないといけない。そうして時間が増えれば、上司や組織から要求があっても対応に余裕が生まれる。

だが現実には、部下が抱える問題の対処に多大な時間を割いているマネジャーがほとんどだ。その時間は、本人たちが思っているよりもはるかに多い。

そこでわれわれは、部下が持ち込む厄介ごとを「サル」と呼び、部下に対応する時間が割り込んでくる経緯とその対策について見ていく。

「相談」を受けた瞬間、自分の仕事になってしまう

マネジャーが廊下を歩いていると、向こうから部下のジョーンズがやってくる場面を想像してみてほしい。

二人が顔を合わせると、ジョーンズがマネジャーに向かって、「おはようございます。あの、ちょっと問題がありまして。例の……」と切り出す。ジョーンズの話を聞きながら、マネジャーは、相談を持ちかけられる問題にはいつも二つの共通点があると気づく。

一つは、問題点を理解できる程度の知識が自分にあること。

もう一つは、部下の期待に応えてその場で決断を下せるほどの知識は自分にないことだ。

だから結局、マネジャーは次のように返答する。「相談してくれてよかったよ。ただ、いまは時間がない。ちょっと僕のほうで考えてみるから、後から連絡する」。そうして彼はジョーンズと別れる。

それでは、この会話で何が起きたか分析しよう。

二人が顔を合わせる前、「サル」を背負っていたのは誰か？　部下だ。

では、二人が別れた後に背負っているのは誰か？　マネジャーだ。

部下の背中からマネジャーの背中にサルが移った瞬間から、部下に対応する時間が始まる。そして、きちんとサルの世話をして元の持ち主に返すまで、その時間は終わらない。サルを受け入れたことで、マネジャーは自らを部下の仕事を引き受ける立場、つまり部下の部下という立場に置いたことになる。部下に対して、彼の部下になることを許してしまったのだ。マネジャーは、部下の仕事の責任を引き受け、その進捗を部下に報告すると約束した。本来なら、どちらも上司が部下に求めることだ。

約束を取りつけた部下は、マネジャーが約束を忘れていないか確認するため、マネジャーの席にやってくるだろう。そして楽しげにこう尋ねる。「先程の件はどうなりましたか？」。いわゆる監督行為である。

いつのまにか「部下の仕事」を上司がやっている

今度は、別の部下ジョンソンとの打ち合わせ終わりに、マネジャーが彼に向かって「よし。じゃあ、その件をまとめて持ってきてくれ」と言って別れたとする。

このケースも分析してみよう。

打ち合わせが終わったとき、サルは次の行動を指示された部下の背中にいる。だが、サルは移動しようと待ち構えている。サルから目を離すことはできない。

ジョンソンは指示どおりにまとめを作成し、処理済みの箱に書類を入れる。その後すぐに、マネジャーは自分の未処理箱からジョンソンの作った書類を取り出して目を通すことになる。次に行動を取らないといけないのは誰か？　マネジャーだ。

ぐずぐずしていればジョンソンから、「あの件、いかがですか？」と問い合わせのメモが届く（これも監督行為の一種だ）。マネジャーの行動が遅れるほど、部下の苛立《いらだ》ちは増し（そして手持ち無沙汰な時間が増え）、マネジャーの罪悪感は強くなる（そして部下の対応に使う時間が増えていく）。

今度もまた、マネジャーは別の部下スミスと打ち合わせをしている。

マネジャーはスミスにPRの提案書作りを依頼し、PRに必要な支援は惜しまないと約束した。打ち合わせ終わりにマネジャーが言った言葉は、「どんな支援が必要か知らせてくれ」だった。

では、分析しよう。

ここでもやはり、最初にサルを背負うのは部下のスミスだ。ただし、彼女が背負うのは、提案書を提出するまでである。その提案書がマネジャーから承認されない限り、PRに必要な支援を知らせることはできない。これまでの経験上、マネジャーが提案書を受け取っても、何週間もカバンに入ったままになりそうだ。ということは、提案書が作成されたあと、実際にサルを背負っているのは誰になる？　誰が誰に進展を確認することになる？今回のケースでもまた、部下の手持ち無沙汰な時間と、マネジャーが部下の仕事に対応する時間が増える未来が待ち受けている。

4人目の部下は、別の部署から異動してきたばかりのリードだ。彼は、新設された事業を立ち上げ、最終的にはその運営を担うことになっている。マネジャーは彼に、近々集まってこの新たな事業の目標を一緒に決めようと言い、最後にこう言い添えた。「話し合いに向けて草案を作っておくよ」

さて、これも分析してみよう。

部下のリードは、新しい仕事とその責任のすべてを、会社から正式に命じられた。それなのに、次の行動を取るのはマネジャーだ。マネジャーが草案を作るまで、サルはマネジャーの背中にいて、部下はそのあいだ何もできない。

なぜこのようなことが起こるのか？　いま挙げたどの事例でも、意識しているかどうかはともかく、最初はマネジャーも部下も、話題に出た問題を互いの問題だととらえている。つまり、サルは二人の背中をまたいだ状態で誕生している。

サルが間違った方向に一歩踏み出すだけで、部下の背中は見事にその場から消える。そうなると、一人その場に残されたマネジャーが、サルの世話を引き受けることになる。

もちろん、間違った方向に足を踏み出さないようサルを訓練することはできる。だがそれよりも、最初からサルに両方の背中をまたがせないようにするほうが簡単だ。

1日3匹で、1週間で60匹に「サル」が増える

それでは、例に挙げた4人の部下が、上司の時間を尊重しようと思いやり、マネジャーの背中にサルを飛び移らせるのは「1日に3匹以内」と心に決めているとしよう。そうすると、週に5日の勤務で、マネジャーは60匹のサルを引き受けることになる。一人ではと

ても対処しきれない数だ。よって、マネジャーの部下に対応する時間の「優先順位」はその都度変わる。

金曜日の夕方、マネジャーは人払いをしてオフィスにこもり、自分の置かれている状況について考える。オフィスの外では部下たちが、週末になる前にもう一度「決断を下してくれ」と念押ししようと待ち構えている。彼らはきっと、こんなことを言っているのではないか。「まったく困ったものだ。うちのマネジャーは本当に何も決められない。決断できないのにどうして出世できたのか、不思議でならないよ」

わかっていながら仕事が遅れていく仕組み

最悪なことに、マネジャーが「次の行動」を何ひとつ決められない原因は、上司や会社の要求に応じるために、マネジャーの時間がほぼ食いつぶされていることにある。こうした依頼にきちんと応えるには自分の自由裁量時間を使う必要があり、部下から渡されたサルに気を取られていては、その時間は使えない。まさに悪循環である。

だが、時間とは無駄に費やされるものだ(控えめな表現である)。マネジャーは秘書に内線をかけ、オフィスの外で待つ部下たちに「月曜の朝まで時間が取れない」と伝えるように指示を出す。そして午後7時に車で帰宅し、翌日またオフィスにもどって、週末も仕事をしようと心に固く誓う。そうして翌朝早くに出社すると、オフィスの窓の外に広がる最寄りのゴルフコースに4人の人影が見える。誰かは想像がつくだろう。

それが決定打となった。マネジャーはようやく、誰が誰の下で働いているのかを悟った。それだけではない。この週末に予定どおりに仕事をやり終えたら、部下たちは喜々として、彼らの背中から飛び移らせるサルの数を増やすこともわかっている。要するに、いまの彼には、抱える仕事の数が増えるほど仕事が遅れていくという構図がはっきりと見えているのだ。

マネジャーは、伝染病から逃げるかのような勢いでオフィスを飛び出す。何をするつもりなのか？　何年ものあいだやりたくてもできなかった、家族と一緒の週末を過ごすのだ。

日曜日の夜、マネジャーはぐっすりと10時間眠った。月曜日にすることは決まっているので、懸念は何もない。彼は、部下に対応する時間をなくすと心に決めている。そのぶんを自由裁量の時間に充てるつもりだ。ただし、その一部は部下のために使い、難しいがやりがいのある、いわゆる「サルの世話と餌やり」を学ばせる。

また、それだけ自由裁量時間ができれば、上司や組織への対応に割く時間にも余裕が生まれる。実際にそうなるには何カ月もかかるかもしれないが、これまでの顚末を思えば、努力の見返りは計り知れない。何しろマネジャーの最終的な目標は、自分の時間を自分で管理できるようになることなのだから。

こうすれば「サル」は1匹残らずいなくなる

月曜日の朝、マネジャーはゆっくりと出社する。彼に背負わせたサルについて尋ねたい部下たちが、オフィスの前に全員揃うころを見計らってのことだ。

マネジャーは、部下を一人ずつオフィスに招き入れる。サルを背中から降ろし、自分と部下が挟む机の上に置き、部下が次にどう行動すべきかを一緒に考えるためだ。サルの内容によっては、マネジャーも多少何かをしなくてはいけないだろう。

部下が次にすべきことがはっきりしないときは、ひとまず続きを話す日時を決めたうえで部下にサルを持ち帰らせる。そして約束の日時に改めて、具体的に取るべき行動を一緒に探る（それまでマネジャーの背中で眠っていたサルは、今度は部下の背中で一晩ぐっすり眠ることになる）。

部下がオフィスを出ていくたびに、マネジャーはサルが部下の背中に乗ってオフィスから出ていく光景を目にする。これから24時間は、オフィスの外でマネジャーを待つ部下はいない。部下が来るのを待っていればいい。

しばらくしたら、今度はマネジャーが部下の席へ近づいて、後ろから覗き込みながら「進んでいるかい？」と楽しげに声をかけるのだ（この時間は、マネジャーにとっては自由裁量時間であり、部下にとっては上司に対応する時間である)。

翌日の約束した時間になり、部下がマネジャーのところへやってくると(このとき、サルを背負っているのは部下だ)、マネジャーは今回のことから導きだした仕事の基本ルールを説明する。

「今回に限らず、私が君の問題に協力しているからといって、そのあいだに君の問題が私の問題になるということはあってはならない。君の問題が私の問題になった瞬間から、君が抱える問題はなくなる。私は、問題を自分で抱えていない部下を助けることはできない。

この打ち合わせが終われば、問題はこのオフィスから出ていく。最初にやってきたときと同様、君が背負うのだ。事前に約束を取りつけるなら、いつでも相談してくれてかまわない。次に取るべき行動は何か、君と私のどちらがそれをするべきか、一緒に考えよう。

あまりないとは思うが、仮に私が次の行動を取ることになれば、そのときは一緒に何をするか決める。私一人で次の行動を決めることはない」

マネジャーはこれと同じことを違う部下がオフィスに入ってくるたびにくりかえす。午前11時、最後の部下がオフィスを出る。オフィスのドアを閉めておく必要はもうなくなった。彼が背負っていたサルはみんないなくなったのだ。もどってくるにしても、事前に約束を取りつけたときのみ。その日時はカレンダーが管理してくれる。

部下に「仕事の主導権」を渡してしまう

ここまで、サルを背負うという比喩を使って語ってきたが、何が言いたいかというと、マネジャーが部下から問題を背負わされても、主導権を部下にそっくりもどすことは可能だということだ。

サルの比喩を通じて、あやふやになっている「当然のこと」を強調した。つまり、部下の自発性を引き出したければ、部下に主導権を持たせなければならないということだ。仕事の主導権を部下から奪えば、マネジャーは自分の時間の主導権を失い、自由裁量時間に別れを告げることになる。

マネジャーと部下が同時に一つの問題の主導権を持つことは現実に不可能だ。部下が上司に向かって切り出す「あの、ちょっと問題がありまして」という言葉は、主導権が二重にあることをほのめかし、先にも述べたように、サルが二人の背中にまたがっていることの表れだ。これは、サルを世話するスタートとしては最悪の状態だ。

そこで、ここからは「マネジャーの主導権」について掘り下げてみたい。

マネジャーが上司や組織に対して取り得る主導権は、次の5つのレベルに分かれる。

1. 命じられるまで何もしない（最も低いレベル）
2. することを尋ねる
3. 自分から進言し、上司や組織の判断に従って行動する
4. 自発的に行動するが、その後直ちにアドバイスを求める
5. 自発的に行動し、定期的に進捗を報告する（最も高いレベル）

当然ながら、マネジャーであれば、上司に対しても組織に対しても、1や2のような甘い主導権の取り方をすべきではない。

1の主導権の取り方では、上司や組織からくる依頼の内容についても、それに対応するタイミングについても、マネジャー自身でコントロールすることができない。何をいつやれと命じられても、文句を言う権利を放棄したのと同じだ。

2の主導権を取れば、対応するタイミングはコントロール可能だが、内容はどうすることもできない。

だが、3、4、5のような取り方をすれば、どちらもコントロールできる。なかでもマネジャーの意思を最も反映できるのは5のレベルだ。

部下に主導権を取らせるときは、次の二つがマネジャーの務めとなる。一つは、1や2

のような主導権の取り方を禁じること。そうすれば、部下は自ら問題やするべきことを見つけて、その解決策を提示できるようになるしかない。

もう一つは、部下とのあいだで取り決めた所定の主導権を部下が持つことを確認し、次に部下と打ち合わせをする日時や場所を決めたうえで問題を手放すことだ。そして、その日時はカレンダーに記入する。

なぜ「文書」で指示をしてはいけないのか？

背中に乗ったサルの喩《たと》えで、「問題を部下に割り当て、自分の時間の主導権を握るまで」を説明したが、この喩えの理解をさらに深めるため、マネジャーと部下のやりとりについて見ていきたい。時間を決めて部下と話すときは、「サルの世話と餌やり」をするための五つの鉄則を守る必要がある。

ルール1：部下の仕事を「進める」か「やめる」か決める

サルは「餌をやる」か「抹殺」かの二択で対処する。そうしないと、サルが飢餓状態となり、餓死したサルの後始末や蘇生の試みなどに貴重な時間が奪われることになる。

ルール2：相談は1回15分以内に

サルの数は自分が餌をやれる数に抑える。部下はできるだけ多くのサルに餌を与えてほしいと連れてくるが、自分で決めた上限を超えてはいけない。サルに餌を与える所要時間は、1回5～15分とする。部下がきちんとサルを世話していれば、それ以上の時間はかからない。

ルール3：その件のやりとりは「打ち合わせ」のときだけ

サルに餌をやるのは、約束した時間だけとする。マネジャーが自ら腹を空かせたサルを探しに行き、手当たりしだいに餌をやるようなことをしてはいけない。

ルール4：文書で進め方を指示しない

餌をやるのは、直接会ったときもしくは電話でのみとする。文書のやりとりを許してはいけない（文書のやりとりになると、マネジャーも行動しなくてはいけなくなる）。餌やりの一環に文書が加わることはあるかもしれないが、文書が餌やりに取って代わることはない。

ルール5：相談の「頻度」と「日時」を明確にする

どのサルについても必ず、次に餌をやる日時と餌の度合いを決めておく。いずれも部下との話し合いによっていつでも修正してかまわないが、あやふやな状態は決して許してはいけない。それを許せば、サルは餓死するか、マネジャーの背中に飛び乗ってくる。

マネジャーに時間管理のアドバイスをするなら、「いつ何をするかを自分の手で管理できるようにすること」という言葉がふさわしい。

そうなるためにはまず、部下の仕事に対応する時間を削って自由裁量時間を増やす。そして、新たに増えた自由裁量時間の一部を使い、部下が実際に主導権を握って行動しているかを確認する。

また、上司や組織に対応する「タイミング」と「内容」の両方を自分の手で管理することにも、増えた時間の一部をあてるとよい。それにより、マネジャーの行動力は高まり、理論上の限界がなくなり、これまでの何倍も有意義に時間を使えるようになる。

Column

「ゴリラ」のための時間をつくる　スティーブン・R・コヴィー

なぜ、まかせるのは「難しい」か?

ウィリアム・オンキンがこの記事を執筆したのは1974年。当時のマネジャーたちはひどく困っていた。彼らは自由になる時間を捻出《ねんしゅつ》したくてたまらなかったが、当時は階級による厳格な管理が当たり前だった。

マネジャーたちは、決断を下す権限を部下に委譲するのは許されないと感じていた。それは、あまりにも危険で、あまりにもリスクが高すぎる。

だからこそ、オンキンが発したメッセージ――サルを本来の持ち主に返せ――は、非常に重要なパラダイムシフトの一翼を担ったのだ。いま現在マネジャーとして働く人たちは、彼に心から感謝するべきだ。

しかし、オンキンがこの画期的な提案をした当時といまでは、「多くのことが変わった」という言い方だけではまだ不十分だ。いまや、厳格な階級制度を唱える経営哲学はほぼ消滅し、「権限の委譲」を合言葉にグローバル化が進み、競争が激化した市場での成功を目指す組織がほとんどだ。とはいえ、その制度自体はいまだ組織に根強くしみついている。

経営思想家や企業の重役はこの10年で、「サル」を返しただけでは上司は安心して自分の仕事に取り組めなくなったと気づいた。部下に権限を委譲することは、難しく複雑なのだ。

それはなぜか。問題を部下に返して部下自身に解決させる場合、部下に解決する「意欲」と「能力」の両方がないといけない。管理職に就いている人なら誰でもわかるように、部下にこの両方があるとは限らない。そうなると、まったく別の問題が関係してくる。

「権限の委譲」は、「人材を育てる」ということでもある。それをしようと思ったら、最初のうちは、マネジャー自身で問題を解決するよりもはるかに多くの時間がかかるのだ。

それだけではない。権限の委譲は組織全体で受け入れないと成立しない。正式な仕組みとともに、権限の委譲を支持する社風がないとうまくいかない。権限の委譲と部下の育成を行うマネジャーには、それに見合う見返りが必要だ。それがないと、個々のマネジャーの信念ややり方によって、委譲の度合いにばらつきが生じるだろう。

自分が「脅かされる」ように感じてしまう

とはいえ、権限の委譲に関して最も重要な教訓は、オンキンが主張する「権限を有意義に委譲できるどうかはマネジャーと部下の信頼関係にかかっている」ということだろう。オンキンのメッセージは時代を先取りするものだったかもしれないが、まだ独裁色が残っている。彼の提案は基本的に、「問題を部下に返せ！」とマネジャーに命じるものだ。いまの時代から見れば、このやり方は独裁的すぎる。

権限を有意義に委譲するには、部下と継続的に対話をする必要がある。上司と部下でパートナー関係を築くのだ。部下が上司の前で失敗することを恐れていれば、部下が本当に主導権を握ることはない。結局は、上司のもとへ協力を求めにくりかえしもどってくる。

また、オンキンの記事では、私がこの20年のあいだ大きく関心を寄せている権限委譲のある側面についても触れられていない。それは、現実には、「部下のサルの世話をしたがっているマネジャーが多い」ということだ。私が話を聞いたマネジャーのほぼ全員が、「部下の力が職場で十分に活用されていない」という意見に同意している。しかし、誰にも負けない実績を持ち、自信に満ちあふれているように見えるマネジャーの中にすら、「部下の支配をやめることは難しい」と口にする人がいる。

人の心の中には必ず、「人生は報われる」との思いがある。だが、その思いを信じたいという欲求が生まれることはほとんどなく、あってももろく壊れやすい。

そうなった原因は、家族や学校、スポーツにあるかもしれないが、他人との比較によって自らのアイデンティティを確立する人が大勢いることは確かだ。

たとえば、自分以外の誰かが「権力」「情報」「お金」「承認」を手にするところを目にしたとき、人は心理学者エイブラハム・マズローが「欠乏の感覚」と呼ぶ感情を経験する。これは、「自分が何かを奪われた」という感覚のことだ。それを感じると、他人の成功を（それが愛する人であっても）心から祝福することが難しくなる。

オンキンはサルを返すことや拒むことがたやすいかのように思わせている。

だが、マネジャーの多くは、「部下が主導権を持てば、自分の力が弱くなったり危うくなったりするのではないか」と無意識に恐れているのではないだろうか。

ならば、マネジャーが安心感を抱き、部下の支配をやめて成長や変化を促す「寛大な精神」を手にするためにはどうすればいいのか?

さまざまな組織に携わってきた経験から言うと、「原則に基づいた価値観」を忠実に守り続けるマネジャーが、権限を委譲するスタイルのリーダーシップを最も受け入れやすい。

「サル」を逃がして「ゴリラ」に取り組む

オンキンが記事を発表した時代を思えば、彼のメッセージにマネジャーたちが共感したとしても不思議はない。ただし、メッセージが強く心に響いたのは、語り手としての彼のすばらしい才能のおかげでもある。

私は1970年代に講演家協会を通じてオンキンと知り合い、情感豊かに考えを鮮やかに語って聞かせる彼にいつも感心した。コマ割り漫画の「ディルバート」のように、彼は皮肉まじりにマネジャーが抱える苛立ちを的確に指摘し、それを聞いていたマネジャーたちに自分自身の時間の主導権を取りもどしたいと思わせた。

ちなみに、オンキンにとっての「サルを背負う」は単なる比喩ではなく、彼のトレードマークだった。肩にサルのぬいぐるみを乗せて空港を歩く姿を、私は何度か目撃している。

オンキンの記事が、これまで刊行された「ハーバード・ビジネス・レビュー」の記事のなかで一、二を争う人気なのは当然だ。

いまの時代を生きる私たちに、権限委譲に関する知識はある。だが、その鮮烈なメッセージは、25年前よりもむしろいまの時代にとって重要であり、深く関係している。

実際、私はオンキンの知見を土台にして時間管理の仕方を模索し、緊急性と重要性に即して仕事を分類することを提唱した。

私はこれまでに何度も、「『重要ではないが緊急』の用件に自分の時間の半分以上が取られている」と企業の管理職たちが口にするのを聞いた。彼らは、他人のサルに対処する無限ループにとらわれているにもかかわらず、本来のサルの持ち主に主導権を取らせることに消極的だ。その結果、本当に取り組むべき「ゴリラ」の世話をする時間が取れていないのだ。

オンキンの記事は、権限の委譲を有効に活用する必要のあるマネジャーたちに向かって、いまも警鐘を鳴らし続けている。

スティーブン・R・コヴィー
『7つの習慣』著者。「タイム」誌が選ぶ「世界で最も影響力のあるアメリカ人25人」のひとりに選出。リーダーシップ論の権威であり、教育者、組織コンサルタントとして活躍。2012年逝去。

行動のための手引き

こうして、「自分で使える時間」を大幅に増やす

本来の持ち主にサルを返すにはどうすればいいのか？　オンキン、ワス、そしてこの記事を読んで寄稿したコヴィーは次のように提案する。

「サルに対応する日時」を事前に決める

場当たり的な対応は避ける。たとえば、廊下で部下とすれ違い、部下が背負うサルの話題を持ち出されたとしても、その場で応じてはいけない。そうではなく、そのサルについて相談する日時を決める。

「主導権のレベル」を明らかにする

仕事上の問題に対処するうえで、社員が取り得る主導権は、低い順に次の5つのレベルに分かれる。

1．命じられるまで何もしない

2. することを尋ねる
3. 自分から進言し、上司や組織の判断に従って行動する
4. 自発的に行動するが、その後直ちにアドバイスを求める
5. 自発的に行動し、定期的に進捗を報告する

部下が問題を持ち込んできたときは、1または2のような主導権の取り方を許してはいけない。部下の同意を得たうえで、3、4、5のいずれかのレベルの主導権を部下に割り当てる。また、部下の問題に関する話し合いに使う時間は15分以内とする。

「進捗を報告させる日時」を決める

問題への取り組み方が決まったら、進捗状況を報告させる日時も部下と相談して決める。

「自分の本音」を探る

一部のマネジャーは、部下に主導権を握らせるようにすれば、自分の力が弱くなったり危うくなったりするのではないか、自分の価値が下がるのではないかと密かに心配している。そういう心配はやめて、自分は大丈夫だという安心感を内面に育む努力をしよう。そうすれば、部下を自分の手で支配することをやめ、彼らの成長に協力できるようになる。

「部下のスキル」を高める

問題に対処する意欲や能力がない部下は、自分のサルをすぐに手放そうとする。だからマネジャーは、問題を解決するのに必要なスキルを部下が習得するよう手助けすることが大切だ。最初のうちは、マネジャー自ら問題に取り組むよりも時間がかかるが、長い目で見ればそのほうが時間の節約になる。

「信頼関係」を育む

部下の自発性を育むには、上司との信頼関係が欠かせない。失敗を恐れていると、部下は一人で問題解決にあたることなく、ことあるごとに上司のもとへサルを持ってくる。信頼関係を育むには、失敗しても大丈夫だと部下に思わせることが大切だ。

Chapter 4 「レジリエンス」を鍛え上げる

強い人格をつくるために最も必要な能力

——ダイアン・L・クーツ

「つらい状況」を切り抜ける

私はある全国紙の記者として、ジャーナリストのキャリアを歩み出した。私の職場には、クラウス・シュミット（仮名）という名前の男性がいた。年の頃は50代半ばで、私の目に「これこそ新聞記者」と映る人物だった。

ときに皮肉っぽいが、飽くなき好奇心と才気にあふれ、ちょっとしたユーモアも持ち合わせていた。彼は、一味違う巻頭記事や特集記事を何度も書いており、しかもそのスピードと文章力たるや、私には夢のようなレベルであった。にもかかわらず、彼がいっこうに編集長に昇格しないことがいつも不思議だった。

クラウスをよく知る人は、彼が新聞記者として頭抜《ずぬ》けているだけでなく、才能ある者をやっかみがちな職場でも生き残れる典型的なタイプと見なしていた。

編集部の幹部は3回にわたって大幅に入れ替わったが、クラウスだけは生き延びてきた。ただしその間、親友や同僚のほとんどを失うこととなった。一方家庭はというと、二人の子どもが不治の病に冒されており、また交通事故で一人を亡くしていた。

こんな状況にもかかわらず、あるいはだからこそなのか、彼は来る日も来る日も編集部内を歩きまわっては、若い記者を指導したり、自分の書いている小説について語ったりと、これから起こることを心配するどころか、むしろ楽しみにしているかのようだった。

なぜ、だれもが臆するような困難に直面してもくじけない人がいるのだろうか。

まったく様子の異なるクラウスというものも想像できなくはない。実際われわれはそのような人を絶えず見てきている。解雇されたのち、自信を取りもどせない人、離婚後うつ状態が続き、普通の生活から数年間離れなければならなかった人等々。

それなのに、人生を切り抜けていく「レジリエンス」(精神的回復力。困難に負けない力)を備えた人たちがいる。それはなぜなのか。

これこそ、小学校で初めてホロコーストの生存者について聞いたときから、私を虜《とりこ》にしている疑問である。私は、まず大学で、後にはボストン精神分析研究所の客員研究員としてこの問題に取り組んできた。そしてここ数カ月前から、急遽この問題に改めて取り組むこととなった。

それは9・11の爆破テロ事件、それに続く戦争、不況《ふきょう》等によって、レジリエンスを理解することが、かつてないほど重要に思えてきたからだ。その際、個人と組織の両方を調査の対象とした。なぜ特定の人や組織は押しつぶされてしまうのだろうか。逆に、なぜ一時的に屈することはあっても、またすぐに回復できる者たちがいるのだろうか。

この問題を完全に解明するのは難しいが、あれこれ調べていくにつれて、いろいろなことがわかってきた。レジリエンスとは、創造力や宗教観などと並んで、人間の根本において最も不可解なものなのだ。心理学の研究成果について子細《しさい》に調査したり、レジリエンスに関連する話を数多く聞いたりし、これらをくりかえし熟考するにつれて、クラウス・シュミットのような人の心理や理性を以前よりも深く理解するに至った。そしてそれは、人間の精神を探求することでもあった。

「最も優秀な人材」の資質とは？

レジリエンスは、ビジネスの世界でも最近よく取り上げられる話題である。少し前、私はある名の通ったコンサルティング会社のシニア・パートナーと、「いかに優秀なMBAホルダーを獲得するか」について話をしていた。

この業界にとって優秀な人材の獲得はまさに勝敗の分かれ目でもある。パートナーであるダニエル・サバコー(仮名)は、求められる資質について、知性や野心、誠実さや分析力といった要素を語った。

「レジリエンスはどうですか」と私は聞いてみた。

「最近、よく話題になります。新しいバズワードですね。面接に来た人のなかには『自分にはレジリエンスがある』なんてわざわざ言う人もいますよ。しかし率直に言って、彼らは自分を知るには若すぎます。レジリエンスは経験を通して、初めて自分に備わっているかどうかがわかるものでしょう」

「もし可能なら、彼らにレジリエンスをはかるテストをしたいですか。それはビジネスに重要なものでしょうか」

サバコーはしばらく考え込んでいた。40代後半の彼は、私生活でも仕事でも成功を収めていた。とはいえ、これまでの道程はけっして平坦ではなかった。サバコーは、ロードアイランドのウーンソケットという町で貧しいフランス系カナダ人の家庭に育った。父親は彼が6歳のときに亡くなっている。フットボールで奨学金を得るという幸運にも恵まれたが、飲酒が原因で二度もボストン大学を追い出された。20代のあいだは人生をさまよい、結婚、離婚、再婚をたどりながら、5人の子供を養育している。その間、二度財を築いたものの、いずれも失っている。その後、コンサルタント会社の設立に参画し、現在その経営の一端を担っている。

しばらくしてサバコーは「ええ、それは大事ですね」と口を開いた。「実際問題として、私たちが一般的に求めている資質よりも、たぶん重要でしょう」

「プラスチック・シールド」で困難を乗り切る

本稿を執筆する過程で、私はそのような意見を何度となく聞いた。

アダプティブ・ラーニング・システムズの社長兼CEOのディーン・ベッカーは、レジリエンスの開発プログラムを開発し、商品化している。彼は次のように語った。

「学校教育や経験、トレーニング以上に、その人の持っているレジリエンスが成否を決める要因となります。ガン病棟でも、オリンピックでも、企業でもそれは変わりません」

レジリエンスの研究は、ノーマン・ガーメジーをその先駆者として、約40年前に始まった。現在ガーメジーはミネアポリスにあるミネソタ大学の名誉教授である。

彼は、統合失調症の親を持つ子どもの多くが、なぜ親と一緒に生活しながら成長するのに精神病にかからないのかを研究した。その結果、以前に考えられていた以上に、ある種のレジリエンスが精神上、健康に大きな役割を果たしているという結論を打ち出した。

今日、レジリエンスに関する理論は膨大にある。

ボストン精神分析研究所の前所長であるモーリス・バンダーポルは、ホロコーストの体験者について研究した。彼は、無事に強制収容所をくぐり抜けた生存者たちに、彼が「プラスチック・シールド」（プラスチックの楯）と呼ぶ性質が備わっていることを発見した。

この楯は「ユーモアのセンス」など、いくつかの資質から成っている。それは、概してブラックユーモアであることが多いが、状況の全体像を把握《はあく》するうえで大変有用である。なお、そのほか主だった資質として、「他者に愛着を抱く能力」や、「暴力的な他者の侵入から自衛を図る心的機能」などを挙げている。

他の研究は、レジリエンスの別の側面を明らかにしている。ミネアポリスに拠点を置く非営利団体サーチ・インスティテュートは、レジリエンスと若者の関係に焦点を当て、「レジリエンスの高い子どもは自分を支援するよう大人をしむける不思議な力を備えている」ことを発見した。

さらに別の研究は、都会のスラム街のようなところで育った若者がレジリエンスを発揮する場合、人を引きつける運動能力のようなものを備えている傾向が強いと指摘されている。

この3つが「レジリエンス」をつくる

レジリエンスに関する当初の理論では、遺伝の役割が強調されていた。たんに「生まれながらにしてレジリエンスを備えた人がいる」という前提で議論が展開されてきた。

たしかにそのような側面もある。しかし実証研究の多くが、子どもであれ、強制収容所の生存者であれ、危機的状況から回復した事業であれ、レジリエンスは学習できることを示している。

たとえば、ボストンにあるハーバード・メディカルスクールの成人発達学のディレクター、ジョージ・バイラントは、60年間にわたって多種多様なグループを研究した結果、「レジリエンスがはっきりと向上した人が存在する」ことを観察している。

また、「もともとレジリエンスが備わっている人よりも、そうでない人のほうがよりレジリエンスを強化しやすい」と主張する心理学者もいる。

私が研究を通じて知り得たレジリエンスに関する理論は、ほとんどが良識的な部類に属するものであり、そこには3つの共通点があると考えられる。

つまり、レジリエンスの高い人は3つの能力を宿しているという仮説が成り立つ。その力とは、次のようなものである。

1. 現実をしっかり受け止める力
2. 「人生には何らかの意味がある」という強い価値観によって支えられた確固たる信念
3. 超人的な即興力

たしかにこれらの能力が1つや2つあれば困難を乗り切れるだろう。ただし、本当にレジリエンスがあると言うには、3つの要素のすべてが必要なのだ。また、レジリエンスの高い組織について考えた場合も同様である。

では、これらを1つずつ見ていくことにしよう。

「楽観主義者」は最初に心が折れる

レジリエンスは「楽観的な性格ゆえのもの」と考えられがちである。楽観的な性格が現実を見る目を歪めない限り、それは間違ってはいない。しかし裏目に出てしまうと、バラ色の考えも悲劇を招く可能性すらある。

この点を見事に突いているのが、経営評論家であり、作家でもあるジェームズ・C・コリンズである。いかなる平凡な企業でも変革できるのかについて書かれた『ビジョナリー・

カンパニー 飛躍の法則』（日経BP社）を執筆するに当たり、あれこれ研究を進めていたとき、彼はこの考えに遭遇した。

コリンズは最初直感的に、レジリエンスの高い企業は楽観的な人々で構成されていると考えた（これは間違っていたのだが）。自らの直感を検証すべく、ベトナム戦争でベトコンに捕らえられ、8年間も虐待を受け続けたジム・ストックデール将軍について考察した。

コリンズは次のように回想している。「私はストックデールに尋ねた。『最後まで耐えられなかったのは、どういう人ですか』。すると彼は『それは簡単に答えられます。楽観主義者です。そう、クリスマスには外に出られると考える人たちです。クリスマスが終わると、復活祭までには出られると考える。次は、7月4日の独立記念日で、その次は感謝祭。そして、またクリスマスが……』と答えた。そして、ストックデールは私に向き直って言った。『失望が重なると死んでいくのではないでしょうか』」

コリンズの研究によると、ビジネスで大成功している企業の幹部のほとんどが、どんなときでも平然とした態度を守っているという。すなわち、ストックデールのようにレジリエンスの高い人は、生死に関わる現状について、冷静かつ現実的な見解を持っているのだ。

だからといって、楽観主義が無用というわけではない。たとえば、士気が低下した営業部隊の雰囲気を変えるには、「可能性」という魔法を使うのも一策である。ただし、より大きな課題の場合、悲観的ともいえる冷静な現実感覚がより効果的なのだ。

自問自答してみよう。

「私は本当に現実を理解し、受け入れているのか。また自分の組織はどうなのか」と。

これは大変有意義な質問である。なぜなら、ある調査によれば、大方の人がそんなことは当たり前だとして、目をそむけているからだ。だが現実を直視し、それに向き合うのはまったくもって難しい。実際不愉快で、しばしば苦痛を伴う。

モルガン・スタンレーの「突き抜けた」現実主義

組織のレジリエンスに関して、別の事例を考えてみよう。現実に向き合うとはいかなることか、見てみたい。

有名な投資銀行のモルガン・スタンレー・ディーン・ウィッター（以下モルガン・スタンレー）は、2001年9月11日まで世界貿易センターの最大のテナントだった。約2700人の従業員が、南棟の43階から74階までの32階分を使って働いていた。

あの恐怖の日、午前8時46分に最初の飛行機が北棟を直撃した。モルガン・スタンレーでは、1分後の8時47分に脱出を開始した。2機目が南棟に衝突した15分後には、オフィスはほとんど空っぽになっていた。直撃部分のそばだったにもかかわらず、7人の従業員を失うにとどまったのだ。

もちろん、オフィスが2番目に直撃された南棟にあったという幸運もある。カンター・フィッツジェラルド証券は最初の直撃を受けた棟のオフィスにいたため、従業員を救うことなどとうてい不可能だっただろう。

そのような面も考慮しなければならないが、モルガン・スタンレーに執拗《しつよう》なまでの現実主義が備わっていたおかげで、この幸運にうまく乗ずることができたのである。

1993年に世界貿易センターで地下駐車場爆破事件が起きてから、同社の経営幹部は、アメリカ経済の象徴ともいえるこのビルにオフィスを構えていると、テロの対象になりやすいと真剣に認識するようになった。

この真摯な認識から、モルガン・スタンレーでは現場レベルで対策プログラムを立ち上げた。同ビル内で火災訓練を真剣に考えている企業はほとんどなかったが、モルガン・スタンレーだけは違っていた。

同社の個人投資家グループのセキュリティ担当副社長、リック・レスコーラは、職場に軍規を持ち込むこととした。彼はベトナム戦争の退役軍人として高いレジリエンスを持っており、勲章を受けた人物でもある。大災害に巻き込まれたとき、人々が何をすべきか、レスコーラは徹底的に訓練した。

9月11日に不幸が襲ったとき、一部のビル管理者は大丈夫だと言っていたが、レスコーラは拡声器を片手に、落ち着いて訓練どおり行動するよう社員に呼びかけた。不幸なことに、レスコーラ自身は脱出できなかった7人のうちの1人となり、その生前の話がここ数カ月の間、多くの記事で取り上げられた。

「テクノロジーへの依存性が高い金融ビジネスの場合、万一に備えることがビジネスの大半を占める」と社長兼COO（最高執行責任者）であるロバート・G・スコットは言う。

事実、モルガン・スタンレーは最も厳しい現実への備えが万全だった。いまの職場が使えなくなったとき、従業員が一堂に集まって執務できる予備オフィスを3つも確保していたのだ。

「予備オフィスを複数持つことは、9月10日時点では信じられない、突飛な考え方だった」とスコットは言う。「しかし、9月12日には、それが天才的と評された」

おそらく天才だったのだ。間違いなく、そこにはレジリエンスが働いていた。現実を本当に直視したとき、われわれは異常な困難に耐え、生き延びようと準備する。その結果、生き延びる術が身につくのである。

苦しい場面を「相対的」に捉える

現実を直視する能力は、レジリエンスに関する二つ目の能力とも深く関係している。それは、大事に遭遇したときでも何らかの意味を見出せる気質である。

差し迫った状況に直面すると「何でこんなことが自分に降りかかってきたのだろう」と嘆き、あきらめてしまう人がいる。自分を犠牲者と考えてしまう人々であり、困難に直面しても何も学ばない人たちである。しかしレジリエンスの高い人は、自分自身や他者にとっての意味を見つけ、困難な状況の構造をとらえようとする。

私には、ジャッキー・オイソー（仮名）という友人がいる。彼女は原因不明の双極性障害のために、10年にわたって何度も神経障害を患っていた。今日、彼女は大手出版社の要職にあり、家族もおり、教会でも中心的な存在である。

どうやって苦しい状況から立ち直ったのかを尋ねると、彼女は髪に手をやりながら言った。「人はよく、『なぜ自分が？』と言います。しかし私は、『なぜ自分じゃない？』と考えます。たしかに、病気のあいだに多くのものを失いました。けれども、最も悲惨な状況のなかで、失うこと以上に多くの素晴らしい友人にめぐり会え、彼らは私の人生に意味を与えてくれました」

この意味を紡《つむ》ぎ出す作業が橋渡しとなって、レジリエンスの高い人の多くが、つらかった今日から充実した明日を確立している、と多くの研究者は主張する。

その〝橋〟が、困難な現状をも対処可能とし、「この状況はどうにもならない」という感覚を払拭《ふっしょく》するのだ。

将来の「具体的なイメージ」が心を強くする

オーストリアの精神科医であり、アウシュビッツの生存者であるビクトール・E・フランクルが、この考え方を見事に説明している。

その人生において大変な苦労を強いられた末、フランクルは「ロゴ・セラピー」を発見した。ロゴ・セラピーとは、人間性を重視した精神療法で、個人が人生に意義を見出すのをサポートするものである。

フランクルは、自著『夜と霧』（みすず書房）のなかで、強制収容所でロゴ・セラピーをひらめいた瞬間について記している。

ある日、作業に向かう途上、彼はタバコをスープと交換すべきかどうか、迷っていた。そして、とても残忍な新監督の下、仕事はどうしたものかと思いをめぐらせた。突然彼に、何て矮小《わいしょう》で、何て意味のない人生になってしまったのだという嫌悪感が込み上げてくると同時に、生きていくには目的が必要であると気づいた。

そのときフランクルは、「戦後、強制収容所で過ごしたときの心理状態について講義している自分の様子」を想像するようにした。この先、生き残れるかすらわからなかったが、とにかく具体的な目標を設定した。そうすることで、自らをその場の苦難より一段上に置くことができた。

彼は著書のなかで次のように言及している。「どうしようもない状況にあっても、変えようもない運命に直面しても、われわれは人生に意味を見出せることを忘れるべきでない」

フランクルの理論は、レジリエンスを養うビジネス・コーチングの基礎となっている。「われわれが『ハーディネス』(耐久力、心の強さ)と名づけたレジリエンス・トレーニングは、人々が日常生活に何らかの意味を見出す一助となる」と説明するのは、サルバトール・R・マディだ。彼はカリフォルニア大学アーバイン校の心理学の教授であり、カリフォルニア州ニューポートビーチにあるハーディネス研究所のディレクターを兼務している。

「レジリエンス・トレーニングの威力を知ると、みな次のように尋ねてきます。『先生、これが心理療法というものですか』と。しかし心理療法とは、人生が破壊され、修復が必要な人たちのためのものです。われわれの仕事は、人々に生活するためのスキルや姿勢を教えるものです。そういうことは、本来家庭や学校で教えるべきですが、それがなされていません。だから、われわれがビジネスとして提供しているのです」

レジリエンスのトレーナーが直面する課題は想像以上に厄介なものが多い。そもそも理解しにくいうえ、その方法を見つけても忘れるというイタチごっこになりやすいからだ。

アレクサンドル・ソルジェニーツィンの例を考えてみよう。彼はナチスとの戦争や強制収容所に耐え、ガンを克服した。

しかし、平和で安全なバーモントの農場に移ったとき、彼は「西部特有の無邪気さ」に我慢できなかった。破壊的で無責任な奔放《ほんぽう》さを感じ、何の意味も見出せなかった。彼は自分を評論する人たちに心乱された末、ついにはフェンスに鍵をかけ、家に引きこもり、公の場にほとんど姿を現さなくなった。94年、悲痛に打ちのめされたソルジェニーツィンはロシアへともどっていった。

価値観が「拠りどころ」になる

置かれた環境に意味を見出すことが、レジリエンスの重要な側面である。当然ながら、成功した組織や人々の多くが強い価値体系を持っている。確固とした価値観は、出来事を解釈し、相対化するうえでの指針となり、環境から意味を引き出すことができる。

世界中で最もレジリエンスの高い組織がカトリック教会であることは疑いようがない。カトリック教会は不変の価値観に強く支えられ、2000年以上にわたって、戦争や腐敗、分裂を超えて生き残ってきた。

永続するビジネスを見ても、そこには信条があり、それがたんに金を儲ける以上の目的となっている。実際、多くの企業が、自らの価値観を宗教用語で表現している。

大手製薬会社であるジョンソン・エンド・ジョンソンでは、自らの価値体系を「クレド」（信条）と呼び、すべての新入社員がオリエンテーションで受け取る資料にそれが書かれている。また、運送会社のユナイテッド・ポスタル・サービス（以下、UPS）は、絶えず「高潔な目的《ノーブル・パーパス》」について語っている。

レジリエンスの高い企業の価値体系は、長く不変であり、大事の際の拠《よ》りどころとなる。UPSの会長兼CEOマイク・エスキューは、多くの苦難を強いられた97年のストライキの後、再び会社を盛り返していくうえで、高潔な目的が大いに役立ったという。

エスキューいわく、「事態はこじれにこじれた家庭不和のようでした。それぞれの陣営に友人がいて、どちらの肩を持つのも悩ましい状況でした。そのとき、われわれを救ったのが『高潔な目的』です。どちらの立場にあろうと、全社員に共通の価値観が浸透していました。価値観は依然、中核に据えられており、それが多くの意思決定を左右しました。われわれの戦略や使命は変わるでしょうが、価値観は変わりません」。

「良識のある人」は弱い

もっとも、宗教色の強い「信条」や「高潔な目的」といった価値観がつねに必要というわけではない。たとえば、倫理的に問題のある価値観を持った企業でも、レジリエンスを備えていることがある。

フィリップ・モリスについて考えてみよう。その人気が低迷するなかでも、この企業は稀《まれ》に見るレジリエンスを見せている。先のコリンズが指摘するように、フィリップ・モリスにはきわめて強力な価値観が存在する。ただしそのなかには、われわれが必ずしも賛同できないものも含まれている。たとえば、「大人の選択」といったものだ。

しかし間違いなく、フィリップ・モリスの幹部は、その価値観を強く信奉しており、その信奉心の強さが彼らを他のタバコ会社と一線を画す存在としている。この文脈に限れば、レジリエンスが倫理的な善し悪しと無関係であることが特筆できよう。

レジリエンスとは、ストレスが高まる変革期でもひるむことなく頑健であるために必要なスキルであり、また一能力にすぎない。

ビクトール・フランクルはこのように書いている。

「だいたいにおいて、何年ものあいだ、囚人たちは収容所から収容所へと転々としているが、遠慮会釈《えんりょえしゃく》のない者だけが生き残った。あらゆる手段に訴える気構えがあり、自らを救うという点で正直であり、また残忍ですらあった。事実、生存者たちは良識のある人たちが生き残れなかったことを知っている」

組織のレジリエンスについてまとめるならば、レジリエンスの高い社員の存在よりも、価値観のほうが重要である。レジリエンスの高い社員たちがさまざまに現実を直視すると、互いの決断や行動がぶつかることも起こってくる。すると、かえって組織の存続は危うくなる。

また組織の弱体化が明らかになると、きわめてレジリエンスの高い個人は、自らの生き残りを危うくするくらいならば組織を見捨てる。

つねに「その場にあるもの」で間に合わせる

レジリエンスに関わる3つ目の能力は「何であれ、手近にあるもので間に合わせる能力」である。

フランスの人類学者、クロード・レヴィ＝ストロースの教えに従い、心理学者はこのスキルを「ブリコラージュ」と呼んでいる。※1

おもしろいことに、その語源は、文字どおり「すぐに回復する」という意味があり、レジリエンスの概念と密接に関係している。レヴィ＝ストロースはこのように述べている。「ブリコレール（bricoler）という動詞は、古くはボールが跳ね返るとか、犬が迷うとか、馬が障害物をよけるとか、いずれも非本来的な運動を指していた言葉である」

今日的な意味でのブリコラージュは、一種の独創的な能力であり、「必要なツールや素材が手元になくとも、問題解決策を即興的につくりだせる能力」と定義される。

ブリコラージュの能力を備えた人は、ものをガラクタで修繕するのが得意である。家財道具からラジオを組み立てたり、車を直したりする。本来の使用法にはとらわれず、あるもので何とか間に合わせようと、いろいろな使い方を試す。

たとえば、強制収容所では、レジリエンスの高い囚人は、ひもやワイヤーを見つけては拾っていた。あとで役に立つかもしれないからだ。凍えるような寒さのなかでは、それで靴が直せれば、生死すら分けかねない。

状況が不透明で、ほかの人たちが混乱しているようなときでも、ブリコラージュ力の高い人は、可能性を想像しながら何とか切り抜ける。

筆者には、ポール・シールドとマイク・アンドリュースという二人の友人（いずれも仮名）がいる。大学時代のルームメートだ。二人は卒業後、学校や企業、コンサルティング会社に、教材を販売する事業を立ち上げた。

当初、この会社はうまく回り、彼らは書類のうえでは億万長者となった。しかし90年代初め、不景気のあおりを受けて、主要クライアントの多くが次々と離れていった。時を同じくし、ポールがつらい離婚からうつ状態に陥り、働ける状況ではなくなった。

マイクはこのような状況を十分考慮したうえで、ポールに事業を買い取りたいと申し出た。ところが逆に、事業を盗もうとしていると訴えられてしまう。

この時点で、レジリエンスの低い人間は泥沼にはまった足を抜こうとするだろう。しかしマイクは違っていた。裁判のあいだ中、あらゆる方法で会社を支えようとしたのである。事業化できそうなものはないかとあれこれ試行錯誤を続け、中国やロシアの企業に英語教材を販売する合弁事業をスタートさせた。その後は、クライアントのニューズレターを作成する事業も手がけた。ときには、ライバル会社のためにビデオのシナリオを書くことさえあった。

このようなブリコラージュ力のおかげで、裁判で勝訴が確定したとき、マイクの事業は以前とはくらべものにならないほど盤石《ばんじゃく》になっていた。

ブリコラージュはより高い次元でも実践できると考えられる。65年、ノーベル物理学賞を受賞したリチャード・ファインマンは、知的なブリコラージュを体現していた。

彼はその好奇心が高じて、金庫破りの専門家でもあった。金庫破りの手順に注目していただけでなく、金庫を使い、鍵をかける人の心理を研究の対象としていたのだ。

たとえば彼は、ロス・アラモス研究所で数々の金庫破りを成功させた。ファインマンは、論理的な物理学者たちの場合、忘れてしまうかもしれないランダムな暗証番号で鍵をかけることはなく、数学的に意味のある数列を使うはずだと推測した。

実際、原子爆弾に関わるすべての機密文書を保管している三つの金庫の鍵の設定には、同じ数学定数——「2・71828」で始まるe——が使われていたのである。

自由より「規律」が即興力を生む

レジリエンスの高い組織には、ブリコラージュの力を備えた人が多い。もちろん、すべての人がファインマンのレベルにあるわけではない。とはいえ、生き残る企業は、即興力をコア・スキルとしていることが多い。

UPSの場合を見てみると、荷物を時間どおりに配送するためにドライバーは何をしてもよい。CEOのエスキューはこう語る。

「従業員には『仕事を最後までまっとうしなさい』と言っています。その場で何とかしなければならないならば、彼らはきっとそうします。でなければ仕事になりません。思いどおりにいかない場合を想像してみてください。信号機の故障、タイヤのパンク、壊れた橋等々。『ルイスビルは今夜吹雪になりそうだ』と言うと、数人が集まってどうするかの相談が始まります。だれかがそうするよう命じたわけではないのですが、そうするという伝統があり、自然に団結するのです」

その伝統は、92年にアンドリュー台風がフロリダ南東部を襲い、億単位の被害が出たときも生かされた。その翌日にはちゃんと荷物が届けられていたのだ。多くの人が家を壊され、車中で生活をしていた。UPSのドライバーと現場責任者は仮の作業場で荷物を仕分けし、車中で途方に暮れている人たちに荷物を運んだ。

これは、壊滅的な打撃を受けても機能し続けるという、UPSの即興力によるところが大きい。混乱に巻き込まれようと、会社が正常に機能し続けたことで、人々はそこから目的と意味を感じ取ったのである。

UPSが実践したこの種の即興は、束縛のない自由な創造力などとはまったく別物である。UPSは軍隊のように規則と規律から成り立っている組織である。

エスキューはこう続ける。

「ドライバーはいつも同じ場所に鍵を保管し、同じようにドアを閉め、同じように制服を着る。とても几帳面《きちょうめん》な会社です」

窮屈に思えるかもしれないが、アンドリュー台風のすぐあとでも会社が回復できたのは、そうした「規則」のおかげだとエスキューは考えている。それが社員にとっては、事業を存続させるために何をすべきかを示す座標となったのだ。

エスキューの見解は、アンアーバーにあるミシガン大学ビジネススクールで組織行動学の教鞭を執る、カール・E・ワイク教授に通じるところがある。ワイクは組織行動学で最も権威ある学者の一人だが、次のように書いている。

「人間はプレッシャーにさらされると、最も馴染《なじ》みのある行動へと回帰する。生存を脅《おびや》かすような重圧の下では真新しい創造力など期待できない」

つまり、ある企業が創造力を抑制するような規則や規制を定めていても、むしろそれは真に危機のときのレジリエンスを高めるものとして機能し得るということである。

「現実の世界」に徹底的に向き合う

私が冒頭に述べた新聞記者のクラウス・シュミットは5年ほど前に他界している。彼が生きていたとしても、彼自身のレジリエンスについてインタビューができたかどうかは定かでない。その質問もおかしなものになっただろう。

「クラウスさん、あなたは本当に現実を直視していましたか。困難に何らかの意味を見出していましたか。仕事や私生活が危機に瀕したとき、それらを回復する手段として即興的に行動しましたか」

彼には答えられなかったかもしれない。私の経験からいえば、レジリエンスの高い人は、自らをそのようには語らない。何でもないことだと言わんばかりにさらりと大変な経験を語り、幸運だったと締めくくる場合が多いものである。

幸運が生存を大きく左右するのはいうまでもない。モルガン・スタンレーが南棟にオフィスを構え、予行演習を怠りなく実施していたことも幸運の一つといえよう。しかし、幸運であることとレジリエンスを備えていることはけっして同じではない。
レジリエンスとは、心に深くしみついた反射能力であり、世界と向き合い、これを理解する能力である。
レジリエンスの高い人や企業は、現実に毅然《きぜん》と目を向け、困難な状況を悲嘆することなく、前向きな意味を見出し、啓示を得たかのように解決策を生み出す。これが、完全には解明するのが難しい「レジリエンスの本質」である。

行動のための
手引き

きつい経験も「切り抜けられる力」を磨く

レジリエンスがあれば、たとえ困難なことを経験しても、それを乗り越えて回復することが可能になる。レジリエンスを鍛えるには、ここに挙げることを実践するとよい。

真正面から「現実」を受け止める

厳しい現実に向き合うことから逃げるのでなく、自分が置かれている現状を真正面から冷静に見つめるようにする。そうすれば、あなたは困難に耐える準備ができるようになる。現実を前にしたときに生き延びられるよう自らを鍛えるようになる。

〈例〉ジム・ストックデール将軍は、ベトコンに捕らえられ、虐待を受けた。彼が生き延びることができた一因は、拘束が長期にわたる可能性を受け入れたことにある（拘束期間は8年におよんだ）。収容所から生きて帰れなかった人たちは、もうすぐ釈放されると楽観的に考え続けた。「クリスマスには釈放される」、それが過ぎると「感謝祭には」、それが過ぎると「独立記念日には」という具合だ。ストックデールはこう言った。「失望が重なると死んでいくのではないでしょうか」

困難な状況でも「前向きな意味」を見出す

つらい状況に直面したとき、自分を犠牲者だと思い、「なぜ自分なのか」と泣きたくなる衝動に屈してはいけない。そのつらい状況を相対化して、自分や他人にとっての「意味」を見出すのだ。それにより、つらい今日から充実した明るい未来への橋をつくることになる。そうした橋が、困難な状況への対処を可能にし、「この状況はどうにもならない」という感覚を払拭《ふっしょく》してくれる。

〈例〉オーストリアの精神科医であり、アウシュビッツの生存者であるビクトール・フランクルは、強制収容所で生き残るには、何らかの「目的」を見つけなければならないことを悟った。そして、いつか戦争が終わったあと、自分の体験をみんなに知ってもらうために、強制収容所で過ごしたときの心理状態について講義している自分の様子を想像するようにした。自分自身の具体的な目標を設定することで、その場の苦しみを乗り越えたのだ。

「手近にあるもの」で何とかしようとする

惨事に見舞われたら、創意工夫で乗り切る。本来の使用法にとらわれることなく、だれも気づかない使いみちを想像し、手近にあるものを最大限に活用する。

〈例〉マイクは友人のポールと二人で、学校や企業、コンサルティング会社に教材を販売する事業を立ち上げた。だが不況になると、主要クライアントの多くを失った。ポールは離婚でつらい思いをしたうえにうつ状態に陥り、働けなくなった。マイクが事業の買い取りを申し出ると、ポールはマイクが事業を乗っ取ろうとしていると告訴した。

マイクは会社を存続させるためにできることは何でもした。合弁事業をつくってロシアや中国の企業に英語教材を販売したり、顧客向けのニューズレターを作成したり、競合企業向けにビデオのシナリオを作成したりもした。裁判は最終的にマイクの勝訴で終わり、判決が出るころには、起業時よりもはるかに盤石な新規事業を手がけるようになっていた。

Chapter 5

身体・感情・知性・精神のレベルを底上げする

パフォーマンスを活性化するトリガー

――トニー・シュワルツ
キャサリン・マッカーシー

エネルギーは「身体・感情・知性・精神」で決まる

スティーブ・ワナーは37歳、監査法人アーンスト・アンド・ヤングのパートナーで、周囲から一目置かれている。奥さんと幼い子どもが4人いる。

私は1年ほど前に会ったのだが、彼は毎日12～14時間働いており、いつも疲れ気味で、夜も家族の相手をしている暇はなかった。家族に悪いと感じ、満たされない思いでいた。睡眠も満足に取れず、運動する時間もなく、ちゃんとした食事もままならない。移動中、あるいはデスクに座ったまま、何か適当につまむことが多かった。

ワナーのような例は珍しくない。職場での要求は厳しさを増しており、ほとんどの人が長時間労働でこれに応えているが、それは当然、身体にも、知性にも、感情にも影響する。やる気は下がり、注意は散漫になり、離職率が上がり、社員たちが負担する医療費もかさむことになる。

私はエナジー・プロジェクト社で、大企業へのコンサルティングやコーチングを提供し、この5年間で数千人のリーダーやマネジャーを見てきた。かれらは、仕事の要求に応えるため、かつてないくらい努力しているが、体力・精神力的にもはや限界に近いという声を、びっくりするくらい何度も聞かされた。

長時間労働の本質的な問題は、時間という資源が有限であることだ。しかし、人間の活力《エネルギー》はちょっと違う。エネルギーを物理学では「稼働能力」と定義するが、このエネルギーを生み出す源は4つ、すなわち「身体」「感情」「知性」「精神」である。

これら4つのいずれも、具体的な「儀式」によって、エネルギーを徐々に拡大し、定期的に再活性化できる。ここで言う儀式とは、「意識的に規則正しく実践する決まった行動」のことだ。これをくりかえすことで、なるべく早く、無意識かつ自動的にその行動をできるようにしていけばよい。

組織レベルで社員のエネルギーを再活性化するには、「人材から何を引き出すか」ではなく、「人材にいかに投資するか」へと発想を転換しなければならない。それにより、社員たちはさらなる能力を発揮し、毎日働こうという気になる。
また、個々人としては、それぞれが自分のエネルギーを奪い取る行動のコストを意識し、状況を問わず、責任をもって行動を変えていかなければならない。

「儀式」でエネルギーを拡大できる

ワナーはエネルギーを管理しようと、自分で儀式と行動習慣を決めた。すると生活が一変した。まず早寝を心がけ、睡眠の妨げとなっていた酒もやめた。その結果、朝はだいぶ疲れが取れた感じで起きられるようになり、運動の意欲も出てきて、ほぼ毎朝実行している。2カ月もしないうちに7キロも体重が落ちた。

いまでは、運動のあと、落ち着いて家族と一緒に朝食を取れるようになった。現在も長時間勤務は続いているが、つねにリフレッシュできている状態だ。オフィスを出て昼食を取り、朝と夕方には散歩に出かける。帰宅したあとも十分リラックスして家族と一緒に時間を過ごせるようになった。

このように、簡単な儀式を決めるだけで、組織全体に目を見張る成果が表れる。われわれエナジー・プロジェクトでは、ワコビア銀行の一部の行員向けに、エネルギー管理のパイロット・プログラムを提供し、参加者と非参加者(対照群)とのあいだでパフォーマンスを比較した。

プログラムの参加者は、担当したローン残高などの各種財務指標において、対照群よりパフォーマンスが高かった。またこれら参加者たちは、顧客との関係、仕事へのやる気、個人的な満足感が「大きく改善した」と答えている。

本稿では、このワコビア銀行の事例を中心に、経営陣や管理職が仕事のキャパシティを広げ、定期的にリフレッシュするにはどうすればよいかを示す。これは、私の以前のパートナーであるジム・ローエルが、運動選手に関する先駆的な研究で開発した基本アイデアを深化・拡大させたものだ。

各国で共通して「能力」を引き上げた方法

社員のスキル、知識、能力を伸ばすための投資は、ほとんどの大企業がやっている。しかし、キャパシティ、つまり社員のエネルギーは「あって当然」というのが暗黙の前提であり、その拡大や維持に力を注ぐ企業はきわめて少ない。

実際は、社員のキャパシティを上げれば、やる気も高まり、短時間で多くの仕事が片づくばかりか、その状態も持続しやすい。当社がプログラムを提供したワコビア銀行がそのよい証拠である。

われわれエナジー・プロジェクトは2006年初め、ニュージャージー州南部にあるワコビア銀行の12支店の計106人に、4つの部分からなるトレーニング・プログラムを提供した。

それぞれのプログラムは、エネルギーを構成する4要素「身体」「感情」「知性」「精神」に対応しており、エネルギーを強化する具体的な方法を伝授する内容になっている。

1グループ20～25人に分け、1カ月おきに研修を実施した。参加者たちはシニア・マネジャーからジュニア・マネジャーまでにわたる。また、参加者全員のアシスタントとして、他の行員を1人ずつつけた。

そして、同行の業績評価指標を用いて、参加者グループと、このプログラムに参加していない同じ地域内の同じ職位の対照群と比較した。比較の信頼性を高めるため、とくに各指標における対前年比の伸び率に注目した。

プログラムを開始してから3カ月後、同行で「ビッグ・スリー」と呼ばれる3種類のローン残高について各人のパフォーマンスを対前年比で見たところ、参加者たちは対照群を13%上回っていた。預金獲得高では、その差が20%に達した。

月ごとにばらつきはあったものの、プログラムが終了してから丸1年間、参加者たちのパフォーマンスは、一部の例外を除き、対照群をかなり上回った。もちろん、この結果には他の要因も影響していたであろうが、参加者たちのパフォーマンスは概して安定していた。

参加者には、トレーニング・プログラムによって自分がどのように変わったのか、アンケート調査を実施した。すると、68％が「クライアントや一般顧客との関係に好影響があった」と回答した。また71％が「生産性とパフォーマンスに、目に見える、または顕著な好影響があった」と答えた。

トレーニング・プログラムが管理職層にどのような効果を及ぼすのか、アーンスト・アンド・ヤング、ソニー・ヨーロッパ、ドイツ銀行、ノキア、ＩＮＧダイレクト、フォード・モーター、マスターカードなど、他企業でも多数のインタビュー調査を実施したところ、ワコビア銀行のデータ

■ワコビア銀行の活力再生プログラム

ワコビア銀行では、活力再生プログラムに参加した行員は、そうでない行員（対照群）よりも業績に優れ、2006年第1四半期の対前年比でも大きく向上していた。

ローン*残高の伸び率

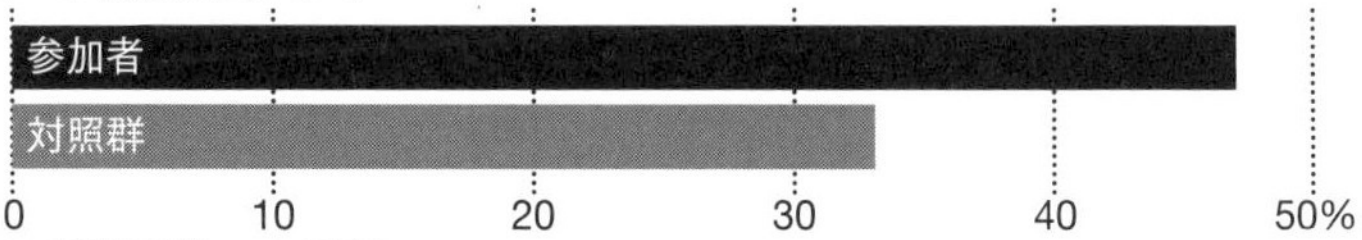

＊3種類の主要ローンが対象

預金獲得高の伸び率

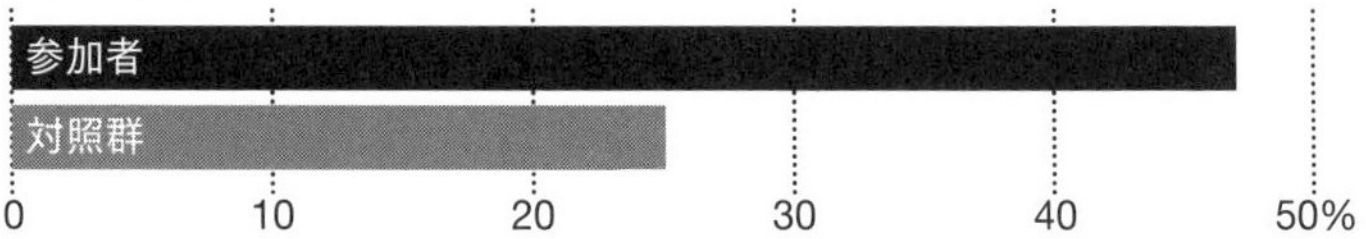

を裏づける結果であった。

身体──「散歩」がここまでの効果を発揮する

このトレーニング・プログラムでは、まず身体に注目する。言うまでもなく、「栄養」「運動」「睡眠」「休息」が不十分だと、エネルギーの基本レベルが低下し、感情のコントロールや集中力が落ちる。ところが、管理職ともなると、何かと忙しく、健康的な生活習慣を維持できない人が多い。

プログラムの参加者は、自分のエネルギーを上げる方法を模索する前に、まずエネルギーレベルを測定するテストを受ける。「身体」「感情」「知性」「精神」のそれぞれについて、4つずつの質問に答えるのだ（左ページの図参照）。

参加者たちは16問中、平均8～10のチェックをつけた。つまり、だれもが、朝食を抜いていたり、周囲に感謝の気持ちを表せなかったり、ひとつのことに集中できなかったり、目的意識を持てる活動の時間が足りなかったり、何かしら欠陥があった。

この種の習慣が非生産的であることは、ほとんどの参加者がうすうす気づいていたらしいが、まとめて突きつけられると、冷水を浴びせられたような気分になるようだ。

このテストによって、4つのうちのどれが最大の弱点なのかもはっきりする。また参加

自分のエネルギーをはかる

以下の内容が当てはまる場合には、ボックス内にチェックを入れる。

身体
- □ 睡眠を7〜8時間取れることが少なく、朝起きても疲れが残っていることが多い。
- □ 朝食を抜いたり、栄養の乏しい食事でごまかしたりすることが多い。
- □ 運動不足である(少なくとも、有酸素運動は週3回、筋トレは週1回必要)。
- □ 休憩してもリフレッシュできない。食事を抜いたり、デスクで食べたりすることが多い。

感情
- □ 仕事中、とくに仕事がきつくなると、いらいらしたり、気が短くなったり、情緒不安定になったりすることが多い。
- □ 家族や大切な人と過ごす時間が十分でなく、一緒にいてもきちんと相手をすることができない。
- □ 心から楽しめる活動をする時間が少なすぎる。
- □ 周囲の人に感謝する時間が足りない。自分の成功や幸福をゆっくり味わう余裕がない。

知性
- □ 1つのことに集中しにくい。とくに仕事中にメールが来ると、すぐに気が散る。
- □ 勤務時間のほとんどが急な対応や上からの指示に追われるばかりで、長期的な価値と効果のある活動に集中できない。
- □ 熟考し、長期計画を立て、工夫をする時間が足りない。
- □ 夜遅くや週末にも働き、休暇でさえメールから解放されることがない。

精神
- □ 自分がいちばん得意な仕事、好きな仕事をする時間が十分でない。
- □ 人生でいちばん大事だと思うことと、実際に時間とエネルギーを割いていることとが大きくずれている。
- □ 職場での判断が、自分の強い目的意識ではなく、外部の要求に影響されることが多い。
- □ 周囲の人や世界にプラスの影響を及ぼす活動に、十分な時間やエネルギーを割けていない。

総合的なエネルギー度

チェックの合計数 □

スコアの意味

0〜3:エネルギー管理スキルが優秀
4〜6:エネルギー管理スキルが妥当
7〜10:エネルギー管理スキルがかなり問題
11〜16:エネルギーの完全な危機

カテゴリー別でのチェック数

身体 □　感情 □
知性 □　精神 □

スコアの意味

0:エネルギー管理スキルが優秀
1:エネルギー管理スキルが良好
2:かなり問題
3:エネルギー管理スキルが不足
4:エネルギーの完全な危機

者たちには、「運動」「食事」「睡眠」の習慣がエネルギーレベルに、どのように影響するのか、意識を高めてもらうためのチャートに記入してもらう。

次のステップは、エネルギーを高め、リフレッシュするための儀式を決めることだ。

ワコビア銀行のバイス・プレジデントであるゲイリー・ファロは本プログラムに参加した当時、かなり太りすぎで、食習慣はめちゃくちゃ、まったくの運動不足、長時間労働のせいで睡眠はせいぜい5～6時間といった具合だった。われわれが出会うリーダーや管理職には、けっして珍しくない話でもある。

プログラムのあいだ、ファロは心肺機能と筋力を高める定期的なトレーニングを始めた。また決まった時間にベッドに入るように心がけ、睡眠時間を長くした。

食事も、彼自身「いつも満腹になるまで食べていました」と言う、一日2回の大食をやめて、3時間ごとに軽い食事かスナックを取ることにした。血糖値を一日中、大きな起伏のない安定した状態に保つためである。ファロはこれで20キロ以上痩せ、エネルギーレベルも急上昇した。

ファロは、こう語っている。「それまでは、難しい仕事はなるべく集中力のある朝に持ってくるようにしていました。いまはそんな心配はいりません。午前8時でも午後5時でも同じように集中できるからです」

ファロが採用したもう一つの重要な儀式は、勤務時間中に定期的に必ずデスクから離れて短い休憩を、何度も取ることである。

人間の身体が、生理的にエネルギーの山から谷へと変わる90～120分のサイクルを「短周期リズム」という。このサイクルの終わりごろには、身体は再生を求める時期に入る。落ち着きがなくなる、あくびが出る、空腹になる、集中しにくいなどがその兆候だが、これを無視して仕事を続ける人が少なくない。その結果、一日が進むにつれて、エネルギーのストックが尽きていく。

ときどき休憩してリフレッシュしたほうが、高いパフォーマンスを長く維持しやすい。これは研究の結果が証明している。また休憩時間は、長さよりも質のほうが重要である。短時間（数分）の休憩でも、そこに仕事を忘れて気持ちを切り替えられる儀式があれば、大きな回復が可能だ。

たとえば、席を立って同僚と仕事以外の話をする、iPodで音楽を聴く、社内の階段を上り下りするなど、何でもよい。職場によっては休憩せずに働き続けることが美徳になっていたり、優秀な人にはまったく無駄に思えるかもしれないが、休憩にはいろいろな面でプラスがある。

マシュー・ラングは、ソニー南アフリカのマネージング・ディレクターを務めている。彼はファロと同じ儀式をいくつか採用したが、その一つは午後の「20分間の散歩」である。ラングはこの散歩によって、頭を休め、気持ちを落ち着かせている。

これは、運動になるだけでなく、創造的な発想が生まれてくる時間でもある。散歩中はあえて何かを考えようとはしない。すると左脳が休み、右脳が働き出す。右脳は、全体像をつかんで飛躍したアイデアを出す能力に優れている。

感情──「3つのレンズ」で世界を見る

感情をうまくコントロールできると、外からのプレッシャーに負けることなく、エネルギーの質を高めることができる。そのためにはまず、勤務中のさまざまな場面で、自分がどのような感情を抱いているのか、その感情が能力にどのように影響しているのかを意識することだ。

エネルギーの高まりを感じているときこそ、最高のパフォーマンスが得られることを、ほとんどの人が理解している。しかしこの高まりを感じられないときにはパフォーマンスもリーダーシップも発揮しにくいという事実にどのように対処すべきか、戸惑う人は多い。

残念ながら、ときどきリフレッシュする時間がないと、前向きな感情を長時間維持するのは生理的に不可能である。過酷な要求や予想外の問題に遭遇すると、人間は「闘争か、逃走か」（ファイト・オア・フライト）という負の感情に陥りやすく、一日に何度もそうなることも多い。いらついて短気になったり、心細く不安になったりするのだ。

このような精神状態はエネルギーを奪い、周囲の人との摩擦《まさつ》を招く。また、追い詰められた精神状態では、論理的かつ内省的に熟考するのも難しくなる。

自分がどのような場面で、敵対的な心理になるのかを意識できるようになれば、自分の反応もコントロールしやすくなる。

負の感情を抑える簡単かつ効果的な儀式はいくつかある。これらを、私は「時間稼ぎ」と呼んでいる。

「深い腹式呼吸」はその一つである。5、6秒かけてゆっくり息を吐くと、気持ちがリラックスして、正常にもどり、追い詰められた気持ちによる反応もかき消すことができる。

ソニー・ヨーロッパの社長、西田不二夫にプログラムを実施したことがある。彼には、強いストレスを感じると、すぐにタバコを取り出して火をつける習慣があった。一日に最低2、3度あった。ほかのときにはまったくタバコは吸わないのに、である。

タバコの代わりに深呼吸の習慣を勧めたところ、すぐに効果が表れた。西田はタバコの必要をまるで感じなくなったのである。要するに、彼のストレスを和《やわ》らげていたのはタバコの成分ではなく、深い呼吸によるリラックス効果だった。

前向きな感情を引き出す強力な儀式として、「周囲の人に感謝の気持ちを表す」という方法がある。これは感謝する側、される側双方にプラスに働くようだ。手書きのメモでも、メールでも、電話でも会話でもよい。感謝は詳しくかつ具体的であるほど、効果は大きい。あらゆる儀式にいえることだが、そのための時間を確保するように心がけると、成功の可能性はいっきに高まる。ノースカロライナ州シャーロットにあるワコビア銀行本店の副会長兼社長ベン・ジェンキンズは、部下の指導時に感謝の儀式を組み込んでいる。

部下たちと昼食や夕食を共にすることも始めた。それまでは、部下とゆっくり顔を合わせるのは月次報告を聞くときか、毎年の勤務評定を手渡すときくらいだった。いまでは食事の席では、部下たちの仕事をほめたり、かれらの仕事だけでなく、プライベートや将来の希望についても話したりするようになった。

さらに、人は人生の出来事《ライフイベント》について、自分で語る内容を変えることで、前向きな感情を育むことができる。なにかと人と衝突している人は、とかく自分を被害者であるかのように語り、自分の問題を周囲や世間のせいにするものだ。「事実」と自分のその「解釈」をきちんと区別するだけで、強力な効果が表れることがある。

これまで当社のトレーニングを受けた人たちのなかには、一つの事実をさまざまな視点から理解できることに気づき、またその事実をどのように語るかによって感情が大きく左右されることを知り、目からウロコが落ちたという人が少なくない。われわれは、事実を否定したり、矮小化したりするのでなく、いかなる状況においても、希望に満ちあふれ、元気が出るような見方で語るように教えている。

自分の物語を変える最も効果的な方法は、違ったレンズを通して観察することである。次の「3つのレンズ」はいずれも、「自分は被害者である」という考えとは異なる視点から世界を見るものである。

まず「逆のレンズ」では、「敵対している相手は何と言うだろうか。それのどこが正しいのか」と自問する。「長いレンズ」では、「自分は半年後に、このことをどのように考えているだろうか」と尋ねる。最後に「広いレンズ」では、「この件がどうなるにせよ、自分は何を学び、どのように成長できるだろうか」を問う。

これら3種のレンズは、前向きな感情を意識的に引き出すうえで役に立つはずだ。ソニー・ヨーロッパの企業広報担当ディレクター、ニコラス・バビンは2006年、ソニーが何度も電池のリコールをした際、批判の矢面《やおもて》に立った人物である。彼はだんだん仕事に疲れを感じ、うんざりするようになった。しかし、3つのレンズを使うようになった結果、自分の役割をより積極的に、前向きに考えられるようになった。

「これはむしろ、気さくな態度で接して、ジャーナリストたちと関係を深めるチャンスであり、正面から率直な対応をすれば、ソニーの信用を高めるチャンスだということがわかりました」と彼は説明する。

知性——「最も重要な仕事」から一日を始める

仕事の負荷が重い以上、一度に複数の仕事を並行してこなすのはやむをえない——。たいていの人がそう思っているが、じつはそれも生産性を低下させる一因である。メールの返事を書く、電話に出るなど、一時的に注意がそがれると、重要な仕事を片づける時間が最悪25%も延びてしまう。これは「スイッチング・タイム」と呼ばれる現象である。

90～120分は一つのことに集中し、一度休憩を挟んでから次の作業に取りかかるほうがよほど効率に優れている。われわれはこれを、「短周期スプリント方式」と呼んでいる。

集中することの難しさを心底理解すれば、技術のせいで増えた面倒を減らす儀式を考え出すこともできる。われわれはそこで、日常業務上の注意散漫から生じる悪影響をはっきり認識してもらうため、ある実験を行った。しょっちゅうじゃまが入る状況下で、複雑な作業に取り組んでもらったのである。「まるで毎日の生活と同じようだ」と、だれもが答えた。

ワコビア銀行のバイス・プレジデントであるダン・クルーナは集中力を高めるために、次のような二つの儀式を考え出した。一つは、集中を要する仕事はデスクを離れて、電話やメールのじゃまが入らない会議室でやることだ。これにより、報告書の作成などは、以前の3分の1の時間でできるようになった。

もう一つの儀式は、支店で開かれる部下のフィナンシャル・スペシャリストたちとの会議に関するものだ。それまで彼は、会議中でも携帯電話が鳴れば出ることにしていた。その結果、1時間のはずの会議がよく2時間に延びたし、会議の相手に完全に注意を向けることもままならなかった。

いまでは携帯電話をボイスメール・モードにしておき、目の前の相手に完全に集中することにした。そして、ボイスメールには、時間の合間にまとめて返事するようにした。

冒頭に登場したアーンスト・アンド・ヤングのワーカホリックのワナーは、一日中、着信を知らせる音が鳴るたびにメールに返信していた。しかしいまは、メールチェックは午前10時15分、午後2時30分の一日2回と決めている。それまでは着信メールに対応し切れない状態だったが、いまやチェックのたびに受信箱をきれいに処理できるようになった。45分ずつメール処理に集中するようにしたおかげである。

さらにワナーは、メールをよくやり取りする相手に「急用で、すぐに返事が必要ならば電話してください、必ず出ますから」と伝えて、すぐには返信が来ないことを知らせた。それから9カ月経ったが、電話してきた人はまだ一人もいないそうだ。

アーンスト・アンド・ヤングのシニア・マネジャーであるマイケル・ヘンキーは、冬の繁忙期の初めに部下たちを集め、「私は勤務時間中のどこかで、『セイム・タイム』（社内インスタント・メッセージ・システム）をオフにします」と宣言した。言い換えれば、部下が上司であるヘンキーに相談できる時間を制限するということだ。

彼もワナーと同じく、緊急時には電話するようにと念を押したが、部下たちから電話がかかってくることは稀だった。また、勤務時間中、「休憩を複数回取ること」「食事をちゃんと取ること」を、部下たちに奨励した。

かれらは予算内でこの繁忙期を乗り切り、活力再生プログラムを受けなかった他のチームより収益性も高かった。ヘンキーいわく「より短時間で、より多くの仕事が片づきました。ウィン・ウィンが実現したのです」。

知性のエネルギーを引き出すもう一つの方法は、「長期的に見て最も付加価値の高い活動に、できる限り集中すること」だ。

やっかいな仕事は、しっかりスケジュールを決めて取り組まないと、まったく放置してしまうか、締め切り間際にあわててやっつけるかのどちらかになる。

われわれが見てきたリーダーたちの例でいえば、最も効果的に集中するための儀式は、「毎晩次の日の最重要課題は何かを考え、翌朝出社したら、それを真っ先に片づけてしまうこと」である。

ソニー・ヨーロッパのパリ事業所のバイス・プレジデント、ジャン・リュック・デュケーヌは、多くの人と同じように、出勤してまずやることはメールへの返信だった。

しかしいまでは、最初の1時間をいちばん重要なテーマに集中することにしている。それが仕上がる午前10時ごろには、すでに充実して一日働いたような、何ともよい気分になれるのだった。

精神――「自分は何がしたいのか」に気づく

精神的なエネルギーが生まれてくるのは、日々の仕事や活動が、自分にとっていちばん大事なもの、そして意味や目的意識が感じられるものと一致しているときである。

仕事にやりがいを感じられれば、エネルギーが増進し、集中も高まり、辛抱強くなれることが多い。ところがあいにく、会社生活は、要求が厳しく、忙しさから逃れられないため、このような問題に注意を払う暇はほとんどなく、意味や目的意識がエネルギー源になることに思い至らない人が少なくない。

われわれの提供するプログラムも、いきなり精神的な話から入っていたら、それほど効果は上がらなかっただろう。自分の心の奥の声に耳を傾けることで仕事の能力や満足度が違ってくると得心できるのは、それまでの段階で取り入れた儀式の効果を実感して、初めて可能になるからだ。

アーンスト・アンド・ヤングのパートナー、ジョナサン・アンスパッカーは、いったい何が自分にとって大切なのか、落ち着いて自問するだけで、霧が晴れたようになり、元気が出てきたと言う。

「内省し、『周囲の人たちから、どのように記憶されたいのか』と考えてみるといいでしょう。たとえば『あの人はいつも仕事ばかりして家族を悲しい目に遭わせている、いかれたパートナーだった』。そんな印象を残したい人などいません。また、子どもから『僕のバンドが演奏するコンサートに来られる？』と電話で聞かれたら、『一列目で見るよ』と答えたいですよね。携帯機器をいじりながら、後ろのほうから入ってきて、携帯が鳴ると外に出るような父親にはだれもなりたくありません」

精神的なエネルギーを引き出すには、次の3つのテーマについて優先順位をはっきりさせ、そのための儀式を考え出す必要がある。

1．「最も得意な仕事」「楽しめる仕事」をやる

ここでは、一つ心得ておくべきポイントがある。得意な仕事と好きな仕事は必ずしも一致しない点である。得意な仕事で、周囲にほめられるが、じつはあまり楽しくないということがよくある。逆に好きで好きでたまらない仕事なのに、相性が悪いのか、割に合わないほどのエネルギーを注がねばならないこともある。

われわれのプログラムでは、参加者一人ひとりに自分の得意分野を見つけてもらうために、ここ数カ月間の仕事で「スイートスポット体験」、つまり「仕事がはかどり、苦もなく理解でき、充実し、満足できた経験」を少なくとも二つ挙げてもらっている。そして、その体験についてじっくり考え、なぜそれほどのエネルギーが湧き出てきたのか、そのときどのような能力を発揮していたのかを突き止めてもらう。

たとえば、戦略の実行を主導することがスイートスポットである場合、それは何よりも「わくわくするような仕事を担当したから」か、「創造的な仕事に参加できたから」か、あるいは、「あるスキルのおかげで、いとも簡単に、しかも気分よく仕事に取り組めたから」だろうか。

そのうえで、好きな仕事をもっとやるにはどうすればいいかを考える。当社のトレーニングを受けたあるシニア・マネジャーは、データが細かく並ぶ売上リポートに目を通して要約するのはあまり好きではないと話していたが、新しい戦略についてブレーンストーミングするのは好きだという。

そこで、部下のなかから数字とにらめっこするのが好きな人を探し出し、売上リポートの処理をまかせ、毎日口頭での報告を受けることで済ませることにした。その一方、創造性に優れた部下を集めて、2週間に一度、自由に戦略について考える1時間半のセッションを開くことにした。

2.「生活のなかでいちばん大事な領域」に時間とエネルギーを向ける

この場合にも、1と同じような矛盾がある。だれしも言行不一致であることだ。このギャップを修正するのにも儀式は効果的である。

ソニー・ヨーロッパのバイス・プレジデント、ジャン・リュック・デュケーヌは自分の優先順位について考えた結果、「家族と一緒に過ごす時間がいちばん大切なはずなのに、忙しくてそれがままならない」という結論に達した。そこで彼は、家に帰ってから毎晩3時間は完全なオフ状態をつくるという儀式を考えた。

デュケーヌいわく「プレイステーションはまだまだ初心者なんですが、いちばん下の息子に言わせると、『パパは上達している、覚えが早い』そうです」。

くだんのアーンスト・アンド・ヤングのワナーはこれまで、帰宅の際にも家の戸口までずっと携帯電話で仕事の話をしていたが、家から20分の距離に着いたら、いっさい通話するのをやめて携帯電話をしまうことにした。そして、くつろいだ気分で家に向かい、到着したときにはもう仕事のことは半分忘れており、妻と子どもたちにゆっくり向かい合えるようになった。

3.日常の生活習慣に「自分の価値観」を反映させる

これも、多くの人にとって難しい課題である。たいていの人が恐ろしいペースで生活しており、「何に拠《よ》って立つべきか」「自分は何になりたいのか」、ゆっくり考えることがほとんどない。その結果、外部からのさまざまな要求に応えるだけの生活に終始している。われわれのプログラムでは、価値観を言葉で説明してもらうことはない。それだと、ほぼ似たような答えしか出てこないからだ。答えることによって、その人の本来の姿が間接的にわかるような質問を投げかける。

たとえば「他人をそばで見ていて、いちばん嫌だなと思う性質は何ですか」と尋ねる。我慢ならない性質について語ってもらえば、その人自身が大切にしているものが見えてくる。たとえば、ケチが大嫌いという人の場合、鷹揚《おうよう》さが大事な価値観の一つである。人の無礼がとても気になる人は、おそらく気配りを重んじる人だろう。

1、2と同様、何らかの儀式があれば、自分の理想とする価値観と実際の行動のギャップも埋めやすい。たとえば、気配りを重視しているが、いつも会議に遅れて出てくる人がいるとする。そのような人は、部下との会議をいつもより5分早く切り上げ、次の会議に5分早く向かうことを儀式にすればよいだろう。

これら3つのテーマについて考えていけば、職場のなかであろうと外であろうと、「協調」「満足」「幸福」といった感覚がかなりのところまで高まってくるはずだ。このような感覚こそ前向きなエネルギー源となり、身体、感情、知性という他のエネルギーにおいても儀式を守ろうという意欲につながっていく。

新しい行動習慣を「定着」させる

以上のように、新しい仕事のやり方を定着させるには、社員の新しい行動習慣を会社が支援しなければならない。

とはいえ、われわれも痛みと共に学んできたことだが、社員の再活性化がパフォーマンスの長期的な向上につながることを、まるでわかろうとしない企業や執行役員も存在する。活力再生プログラムを成功させるには、CEO以下、経営陣による支援と取り組みが欠かせない。

ワコビア銀行のケースでは、プログラムを受けた地域担当社長のスザンヌ・スビゼニーが、率先してプログラムの旗振り役となってくれた。彼女は自分の生活にもプログラムの教えを取り入れ、みずからも変わっていった。

たとえば、自身の日常習慣のなかにいくつもの儀式を取り込もうと、目に見える努力を傾けた。次に、プログラムへの関心を高め、積極的に関わるよう、リーダー層に働きかけた。そして最後に、プロジェクト参加者全員に何度もメールを送り、儀式への取り組みを奨励し、フィードバックを求めた。彼女の本気は全員に伝わった。トップ自身の熱意が周囲に伝染し、おのずと成果もついてきた。

またソニー・ヨーロッパでは、すでに数百人のリーダー層がエネルギー管理の原則を取り入れている。2008年には、一つ下の層の2000人以上が活力再生プログラムを受講することになっている。

社長の西田不二夫を筆頭に、寛容な企業文化が広がってきた。たとえば、「勤務中に何度も休憩を取る」「昼休みに運動をする」「メールの返信は決まった時間だけにする」、さらには、いらついて短気になっている同僚に、「何をどう感じているのか、相談に乗ったりする」などだ。

企業方針、業務慣行、社内の不文律などを変更するといった、会社側のバックアップも欠かせない。われわれがアドバイスした企業の多くは、社員が休んでリフレッシュするための「リニューアル・ルーム」を設けた。あるいは、契約スポーツジムの会員権を与えたり、リーダー層が部下たちと一緒に昼に軽い運動をしたりしているところもある。

ある会社では、午前8時から9時までを「会議禁止時間」とし、だれもが少なくとも1時間は会議から解放された。ソニーをはじめとする数社では、シニア・マネジャーたちが会議に集中して効率を高めるために、会議中のメールチェックをやめるよう申し合わせた。

プログラムの阻害要因の一つとして、当事者の危機意識が強すぎる場合が挙げられる。活力再生プログラムがぴたりとはまるのは、かなりの苦痛を感じており、何か新しいやり方を必要としているものの、その苦痛にまだ押しつぶされていない段階にある企業だ。

某社の例では、ＣＥＯから前向きな支援が得られたものの、すぐにでも成長に転じなければならないというプレッシャーから、経営陣が当面の生き残り以外に注意を向ける余裕がなかった。この場合、多少時間がかかっても再生プログラムを実施していれば、高い生産性を継続できたかもしれない。

対照的にアーンスト・アンド・ヤングでは、確定申告のシーズンに再生プログラムを実施して成功した。

かれらは上司の許可のもと、深呼吸や違ったレンズを使って負の感情を抑えるトレーニングをし、集中した仕事に取り組んだあとは、休憩を取ってリフレッシュすることをくりかえした。参加者のほとんどが、この繁忙期をこれまででいちばん楽に乗り切れたと語っていた。

今日のアメリカにおいて、企業と労働者のあいだにある暗黙の了解は、互いに相手からできるだけ早く、できるだけ多くのものを奪い、それが終われば、さっさと次に移るというものだ。

それは、どちらも自滅に向かっているといえる。個人も企業もいずれ疲弊し、けっして幸せにはなれない。社員はだんだん追い詰められた気持ちになり、燃え尽き症候群が広がっていく。企業は、仕事に手を抜く社員にも妥協するしかなくなり、退職者を補充するためにたえず新人を雇い入れ、教育しなければならない。

われわれは、双方に資するような考え方を提案している。すなわち、企業が社員たちの生活のあらゆる面に投資し、その価値を向上・維持していくというものだ。個人はこれに応えて、そのエネルギーを日々の仕事に向ける。そうなれば、どちらも成長できるはずだ。

行動のための手引き

自分のエネルギーを「意識的」に高める

シュワルツとマッカーシーは、人の4つのエネルギーを再活性化させる、次の行動習慣を勧めている。

「身体のエネルギー」を高めるには?

・就寝時間を早め、飲酒の量を減らすことで睡眠の質を高める。

・最低週3回は心肺機能を高めるトレーニング、最低週1回は筋力をつけるトレーニングを行い、ストレスを軽減する。

・3時間ごとに軽い食事かスナックを取る。

・「落ち着きがなくなる」「あくびが出る」「空腹になる」「集中しにくい」など、エネルギーの低下を示す兆候がないか意識する。

・短時間の休憩を定期的に取るようにし、一日を通じて90～120分のサイクルでデスクを離れる。

「感情のエネルギー」を高めるには？

・深い腹式呼吸で、負の感情（「いらつき」「短気」「不安」「心細さ」）を抑える。

・周囲の人に感謝の気持ちを示して、自分と他人の両方の前向きな感情を引き出す。手書きのメモやメール、電話、会話で、詳細かつ具体的に感謝する。

・動揺する事態に直面したら、これまでとは違う「3つのレンズ」を通して事態を観察する。「逆のレンズ」を使い、「敵対している相手は何と言うだろうか。それはどこが正しいか」と自問する。「長いレンズ」では、「自分は半年後に、このことをどのように考えているだろうか」と考える。「広いレンズ」では、「この状況から何を学び、どのように成長できるだろうか」と問う。

「知性のエネルギー」を高めるには?

・集中を要する仕事は電話やメールが来ない場所で行い、邪魔が入る回数を減らす。
・ボイスメールやメールは、時間を決めて対応する。
・翌日の最重要課題を前日の晩に決める。そして翌朝出社したら、それを真っ先に片づける。

「精神のエネルギー」を高めるには?

・「スイートスポット」体験を突き止める。これは、仕事がはかどり、苦もなく理解でき、充実した体験を指す。そして、その体験をもっと増やす方法を探す。売上リポートの作成を毛嫌いするある役員は、リポートの作成が大好きな人にその仕事をまかせた。
・最も大事だと思うことに時間とエネルギーを向ける。たとえば帰宅の際は、家に着く20分前から、リラックスした気分に切り替えるようにする。そうすれば、帰宅後すぐに家族と向かい合える。
・自分の「価値観」を行動に反映させる。たとえば、気配りを重視しているがいつも会議に遅れる人は、意識して5分早く会議に出るようにするとよい。

会社はどのような支援ができるか?

活力再活性化の儀式を社内で支援する場合は、次のことをするとよい。

・社員が休んでリフレッシュするための「リニューアル・ルーム」を設ける。
・スポーツジムに入会するための資金援助をする。
・部下を集めて昼休みに運動をすることを、リーダー層に奨励する。
・会議中はメールのチェックをやめるように提案する。

Chapter 6
「小さな勝利」で自分を変える
全方位的に目標を攻略する

――スチュワート・D・フリードマン

人生には「4つの領域」がある

私が過去20年間の研究とコーチングを通じて出会った人たちの多くは、満たされない思い、強迫観念または閉塞感《へいそくかん》を抱いていた。その原因は、自分の人生における可能性をあきらめていることにあった。

かれらは、「仕事」「家庭」「地域社会」、そして「自分自身」（知的好奇心、身体面や精神面など）という、人生の4領域すべてにおいて、持てるリーダーシップ能力を発揮していなかった。

われわれはさまざまな役割を担っており、これらの役割のあいだには何らかの緊張がたえず存在している。とはいえ、従来の常識と反するが、それらの関係がゼロサム・ゲームであると決めてかかる理由はまったくない。

そして、先の4領域すべてにおいて、優れた成果を追求するほうが理にかなっている。私はこのことを「全方位の勝利」と呼んでいるが、言い換えれば、一つのために別の何かをあきらめるのではなく、人生の4領域それぞれに共通する価値を見出すほうが賢い選択といえるのだ。

これこそ、私がウォートン・スクールや世界各国の企業、その他のワークショップで教えている「トータル・リーダーシップ・プログラム」の狙いにほかならない。「トータル」という言葉には、全人格に関係するという意味が込められており、またこれに「リーダーシップ」とつけた理由は、あなただけでなく、あなたの周りの大切な人たちにもプラスに作用するように変化し続けていくことを意図しているからである。

全方位の勝利についての評価は、現在と将来を見渡し、「あなたの大切な人たち」について、また人生の4領域それぞれにおいて「あなたが期待する成果」についてじっくりと考えてみることで、4領域で「あなたが手に入れたいもの」と「あなたが貢献できること」を具体的に把握することから始まる。

次のステップは、慎重に検討した実験を体系的に設計し実施する。つまり、短期間に何か新しいことに取り組み、人生の4領域すべてに及ぶ影響について見るのだ。実験がうまくいかない場合は、すぐさま中止または調整する。したがって、失うものはほとんどない。実験がうまくいった場合、それは「小さな勝利」である。これら小さな勝利は時間と共に積み重ねられていく。したがって、あなたの取り組み全般における焦点は、最も大切な人や物事へとだんだん絞られていく。いずれにしても、人生の4領域すべてでリーダーシップを発揮する方法について、より学びを深めることができる。

この過程で過度のリスクを冒す必要はない。現実的に期待できて、コントロールできる範囲で短期的に何かを変え、周囲の人たちの具体的な支援が得られれば、このプロセスは機能する。

満足度も成果も「コントロール」できる

2005年、私がワークショップで出会ったマネジャー、ケネス・チェンの例を紹介しよう（本稿で用いる人名はすべて仮名である）。彼のキャリア上の目標はCEOになることだった。しかし、別の目標もあり、それらは一見したところ、相反するものに思えた。彼は当時、フィラデルフィアに引っ越してきたばかりで、地元の活動にもっと参加したいと考えていた。また、家族との絆をより深めたいとも思っていた。

彼はこれらの目標をすべて実現するために、まず市内にあるＮＰＯの理事会に参加することにした。そうすれば、リーダーシップ、すなわち仕事上の目標を達成する一助となるスキルを向上させられるだけでなく、家庭生活の面でもプラスになると考えたのである。教師として地域社会に日々奉仕している姉と、共通の話題が増えるだろう。婚約者も参加してくれれば、二人で何かすごいことができるかもしれない。精神的にももっと活力を感じられるだろう。そうなれば、仕事への自信も高まるはずだ。こんなふうに、彼は考えたのである。

３年後、ケネスの報告によると、彼は婚約者と地元のＮＰＯに参加しているだけでなく、ＣＥＯの正式な後継者と目されていた。人生の４領域のいずれにおいても、優れたリーダーへと成長していた。

それは、自分の価値観により忠実に行動するように決めて実行していったからだ。そして、人生の４領域すべてにおいて、創造的に成果を積み重ねている。さらに、他の人たちにも、これら４領域について同時に取り組むことを勧め、より成果が高まるように指導している。

ケネスだけではない。私のワークショップでは、参加者たちはこのプログラムの始めと終わりに自己評価を実施する。それによると、かれらは一様に、人生の4領域はこれまで、あちらを立てればこちらが立たずということが多かったが、いまでは調和しており、よい効果が表れていると述べる。

300人を超える職業人（平均年齢はおよそ35歳）を対象に、4カ月にわたってプログラムを実施した結果を紹介しよう。それによると、かれらの生活満足度は、「仕事面」では平均して20％、「家庭面」では28％、「地域活動面」では31％それぞれ向上したという。おそらく最も重要な「自分自身に関する面」、すなわち「心身の健康、知的かつ精神的な成長」は39％も満足度が上昇した。

同時に、成果の改善も報告されている。それぞれの改善度は、「仕事面」が9％、「家庭面」が15％、「地域活動面」が12％、「自分自身に関する面」が25％だった。逆説的に聞こえるが、参加者が仕事に費やす時間を削り、他の3領域に費やす時間を増やした場合でさえ、プラスの成果が得られた。こうして、かれらはより賢く働くようになった。そして、より集中し、情熱を傾け、仕事に専念している。

このプログラムには毎年、あらゆる職位のリーダーたちが何百人と参加している。ただし、どのような実験に価値があるのかを特定するうえで、このワークショップが不可欠というわけではない。

そのためのプロセスは単純ではないが、きわめて単刀直入である。

以下では、まずそのプロセスについて概説する。続いて、「どのように実験を設計・実践すべきか」という基本から、「どのように全方位の勝利を実現させるか」についてまで説明する。

まわりが「自分に求めているもの」は意外に小さい

「トータル・リーダーシップ」の概念は、次の3つの考え方に基づいている。

- 現実的である：何が重要かを明らかにすることで、自分らしく行動する。
- 総合的である：人間の全人格を尊重することで、誠実に行動する。
- 革新的である：どのように物事をなすべきかを実験することで、創造的に行動する。

このプロセスは、思考し、記述し、さらにコーチ役を務めてくれる同僚と話し合うことから始まる。これら一連の行為によって、あなたが抱いている価値観、リーダーシップのあるべき姿、さらに実際の行動と価値観が現時点でどれくらい整合しているかを確認する。つまり、何が重要であるかを明らかにするのだ。

ピア・コーチング（上下の立場ではなく、仲間同士でやるコーチング）には、次のような効用がある。

・あなたの「アイデアへの御意見番」になる。
・あなたに「異論」を唱えてくれる。
・まったく新しい方法によって「イノベーション」の可能性を見つけられる。
・「義務を果たすうえでの助け」となる。

したがって、ピア・コーチングはこの段階だけでなく、プロセス全体を通じてきわめて有益である。

次に、人生の4領域における大切な人たち、すなわち「主要なステークホルダー（利害関係者）はだれか」ということと、各領域において「あなたが期待している成果」をはっきりさせる。そして、ステークホルダーたちと実際に話してみる。

あなたがよほど特別な人間でない限り、思いがけない発見が得られることだろう。すなわち、ステークホルダーたちがあなたに求めているものは、あなたが考えていたものとはまったく違っているはずである。しかも、かれらがあなたに求めていることは、あなたが考えているほど大きくはない。これらの情報は、意識をより集中させるきっかけになり、あなたの行動を刷新するうえでも役に立つ。

さて、何が重要であるかについて確たる認識が築かれ、周囲の大切な人たちの状況を正しく把握できれば、人生観も変わってくる。自分自身のためだけでなく、周囲の人たちのためにも、人生をよりよくする方法が見え始めるのだ。

次のステップでは、実験を設計し、その実験を一定期間にわたって試してみる。ステークホルダーにも望ましい変化が、あなた以上とはいわないまでも、あなたと同程度に生じれば、何も言うことはない。

どの行動で「自分」は変わるのか?

全方位の勝利を追求することは、人生の4領域に貢献する目標の達成を目指して、具体的な変化を起こすことにほかならない。

仕事面における実験の場合、その典型的な目標は「生産性の向上、見えざるコストの削減、仕事環境の改善を実現するために、新たな機会をうまく利用する」といったものが考えられる。

家庭面および地域社会面での目標は、「人間関係の改善、社会へのさらなる貢献」といったことが中心となる。また自分自身については、「健康の改善」に関するものと、「人生により大きな意義を見出す」ことに関するものが一般的である。

実験の目標を検討するに当たっては、主要なステークホルダーをはじめ、あなたが起こす変化によって影響をこうむる可能性のある人たちの利害と意見に留意してほしい。

たとえば、地元のNPO理事会への参加を検討する際、ケネス・チェンは周囲にアドバイスを仰いだ。すなわち、多くの地域活動に名を連ねていた直属の上司、会社の慈善事業を担当するディレクター、および人事担当バイス・プレジデントに助言を求めたのである。彼は、こうして周囲からの支援を得た。会社は、彼がNPOの理事会に参加することが、会社にとってプラスになると判断した。つまり、ケネスがこれに参加すれば、リーダーシップ・スキルが磨かれ、人脈も広がると解釈したのである。

実験のなかには、直接的にはたった1つの領域にしかプラスに作用しないが、間接的には残りの3領域にも貢献するものがある。

たとえば、朝の運動を週3日実行すれば、直接的には健康の改善につながる。しかも間接的には、仕事への活力が高まると同時に、自分自身を高く評価するようになり、その結果として、よりよい父親、よりよい友人になる可能性もある。

一方、人生の4領域すべてに同時に作用し、すべてに貢献する活動もある。たとえば、会社がスポンサーになっている慈善事業の資金を集めるために、子どもと一緒にハーフ・マラソンに出場するなどは、その好例である。

プラスの効果が直接的であろうと間接的であろうと、全方位の勝利こそ唯一無二の目標である。だれもがその恩恵に浴するからであり、それは持続的な変化の源である。

期待されるプラスの効果は、将来発生するものでもかまわない。したがって、効果のなかには、一見はっきりしないものもあり得ることに留意しなくてはならない。たとえば、出世とは無関係のことだったり、いずれは貴重な人脈を提供してくれるかもしれない人物と出会ったりといったことである。

変えることを「具体的」に洗い出す

起こり得る可能性に心を開き、自分にできる実験について、できる限り考えてみる。そして、それぞれの実験であなたがやってみようと思っていることを、簡単に書いてみる。この瞬間こそ、自分の想像力を自由に駆け巡らせるときである。なおこの時点において、潜在的な障害を心配する必要はいっさいない。

一見して、4領域すべてに貢献する実験を考え出すなど、とうてい手に負える代物ではないと思うかもしれない。つまり、たやすく考え出せるくらいならば、仕事と仕事以外の生活とのあいだにそれほど多くの緊張を感じずにすんでいるはずである。

とはいえ、私の経験から申し上げれば、体系的に取り組みはじめると、たいていの人は、この課題がそれほど難しいものではないことに気づく。自分の事情に合わせて実験してみることは、パズルを解くようで楽しめる可能性もある。

実験の形態は無数にある。ただし、私と研究チームが何百もの実験をふるいにかけたところ、実験の形態は大まかに9つのカテゴリーに分類できることが判明した。考えを整理するに当たっては、166ページ「実験の9カテゴリー」を参照されたい。

これまでの「思い込み」をくつがえす

このカテゴリーの一つに、「仕事の時間帯や場所を変えてみる」というものがある。あるワークショップ参加者を例に取ろう。

彼は、国際的なセメント会社の営業部長だった。彼は長距離通勤から解放されようと、週に一度、地元の公共図書館を利用したオンライン勤務を実験した。これは、在宅勤務や社外勤務を支援してこなかった企業文化からの逸脱でもあった。

ところがこの実験は、すべてのステークホルダーにプラス効果をもたらした。まず、社外の関心事にもっと時間を割けるようになった。そのうえ、仕事への集中力が高まり、生産性も向上したのである。

また、「定期的な内省を促す」ことに関する実験もある。たとえば、あなたの行動や考え、心理について1カ月間記録し、さまざまな行動がどのようにあなたの成果と生活の質に影響しているのかを観察してみるなどだ。

さらに、「スケジュールを計画・整理する」ことに焦点を当てているカテゴリーがある。仕事面でやらなければならないことを、それ以外の3領域でやらなければならないことと調整するうえで、ITを活用してみるなどがここに該当する。

一般に、仕事と仕事以外について語るときは、とかくその線引きについて強調されがちだ。たとえば、「家族と一緒のときに、どのように仕事のことを頭から締め出すか」「どうすれば、ほかのことにわずらわされることなく、仕事に没頭できるか」といった具合だ。しかし、境界の壁をさらに厚くするよりも、もっと往来しやすくするほうがよくなる場合がある。ITは、この線引きをあいまいにする半面、より生産的で、より充足感を得られるように、仕事と仕事以外の領域を融合させることができる。

ほんの10年前には思いも寄らなかったことだが、いまやこれが現実である。IT、言い換えればツールによって、われわれは新たな選択肢を手に入れた。このツールを賢く利用する方法を習得することは、あらゆる人にとっての課題といえよう。この実験を賢く設計・実践すれば、ITを活用する能力を習得するきっかけにもなる。大事なことは、自分固有の状況にプラスに作用する可能性を見つけることである。

実験を効果的に設計するには、物事はこうなされるべきであるという、これまでの思い込みに疑問を呈することが欠かせない。前出の営業部長氏は、まさしくこれを実行した。以下の点を心得ておくと、何事にも縛られることなく疑問を呈し、いままでとは異なる行動ができるようになる。

・目標は、「4種類の領域すべてで改善を実現すること」である。
・実験がもたらした影響に関するデータを収集することの目的は、「実験が実際にステークホルダーとあなた自身に役立っているかどうかを判定すること」にある。

どのカテゴリーの実験を選ぼうと、少し背伸びをするくらいがいちばんよいようだ。つまり、簡単すぎず、難しすぎないものが望ましい。ときにはその実験は、ほかの人からすればあまりにも当たり前なものになるかもしれない。しかし、そんなことはどうでもよい。重要なのは、あなたにとってその実験が適度なチャレンジになっているかどうかだ。

この条件に合う「最もやるべきこと」を実行する

改善の可能性を見つけるには、想像力を無限に働かせる必要がある。しかし、いざ行動するとなると、一度に4つ以上の実験を試すのは非現実的である。一般的に、2つはほどほどに成功するが、1つはうまくいかない。

したがって、無理をせず、小さな勝利をいくつか重ね、「トータル・リーダーシップに貢献するものは何か」について学ぶことだ。

いずれにしても、目下の最優先事項は、最も有望な実験候補を3つに絞ることである。そのために、次の条件に該当するものはどれかを検討してみてほしい。

- 4領域すべてにおいて投資対効果が高い。
- 実行しなければ、後悔と機会損失の点から、いちばん犠牲が大きい。
- 最も伸ばしたいリーダーシップ・スキルを学習できる。
- やればやるほど楽しい。
- 自分が思い描く人生の理想に最も近づいていく。

どの実験を実践するかを選択し、ひとたび始めたならば、不測の事態に備えておく必要もあるだろう。どんな実験であろうと、計画の細部にこだわりすぎてはいけない。なぜなら、この先うまくいかずに、調整する必要が生じることが考えられるからだ。

あるビジネスリーダー——ここでは仮にリムと呼ぶ——の例を紹介しよう。リムは実験の一つとして、シカゴ・マラソンに参加することを決意した。彼はつねづね、体調不良を感じていた。そのため、仕事でも家庭でも活力と集中力が減退していた。

第一子を身ごもっていた妻のジョアンはすぐさま、彼の計画に賛成した。「トレーニングで集中力と体力が鍛えられれば、もっといい父親になる」と考えたからだ。また、彼女の家はスポーツ一家でもあった。ジョアン自身、運動選手だった。

リムは、上司や同僚と一緒にトレーニングを重ねた。周囲は全員、リムの実験は、仕事上のコミュニケーションを改善するうえで、まさしく健全な実験になるだろうと賛同し、一緒にトレーニングすれば、より絆が深まるだろうと考えていた。

しかし、出産予定日が近づくにつれて、ジョアンはリムがけがをしないかと心配になり、そのことを伝えた。じつは、彼女の本当の心配は別のところにあった。リムが一つのことにあまりに時間を費やしているため、家族が彼をいちばん必要としているとき、すなわち出産のとき、彼が疲れ切ってしまっているのではないかと危惧していたのだ。

ジョアンを安心させるために、家庭面における取り組みとして、リムはもう一つ別の実験に着手した。毎週木曜日の午後は在宅勤務できるようにしたのだ。これには、ＩＴの活用が必要だった。

また、在宅勤務の作業内容を月例報告書に記して、上司に提出することに同意する必要もあった。さらに、リムはベビー・スリング（抱っこひも）を購入した。そうすれば、自宅にいるあいだは、生まれたばかりの息子とずっと一緒にいられると考えたのである。

そしてマラソン当日、ジョアンと彼女に抱えられた赤ん坊が、リムに声援を送ることになった。それどころか、マラソンの後半、彼女はリムに伴走したのである。夫がばてているのを見て、励ますためだった。

リムが所属する事業部門の業績は、彼がトレーニングと在宅勤務をしている期間に上向いた。部門内の士気も同様だった。具体的には、社員たちが「会社は思っていたよりも柔軟性がある」と見直しはじめ、また働き方についてもっと創造的に考えてみるよう背中を押されたのである。この噂は社内に広まっていった。そして、社員の仕事以外にももっと注意を払い、職場の連帯感を強化するために、経営陣がアイデアを絞りはじめた。

うまく設計された実験への投資は、たいてい報われる。人生の4領域すべてに貢献する、新しくて創造的なリーダーシップを発揮する方法を学習できるからだ。実験がうまくいけば――通常はうまくいくが、つねにそうとは限らない――自分自身や仕事、家族、地域社会のいずれもが恩恵にあずかることになる。

「進捗を管理」しないと何もできない

実験が失敗するのは、そこから何も学べなかった場合だけである。したがって、効果的な評価基準が不可欠といえる。

期待するような成果を達成することは、それに届かない場合よりも望ましいに決まっている。とはいえ、その目標に達すること自体が、あなたを理想のリーダー像に近づけるわけではない。あなたとあなたの周りの人たちは、次の有意義な実験を考え出すうえで、失敗した実験からも有益な情報を見出すことができる。

次ページの図表では、先ほどのケネス・チェンの例を紹介している。彼はこのシンプルなリストを使って、4領域それぞれで目指す実験のプラス効果を書き込んだ。さらに、これらのプラス効果を実現したか否かを評価する方法についても記している。あなた自身も実験ごとに、このようなスコアカードを作成するとよい。

リストの最上部には、実験の簡単な説明を記入する。そして、各領域の「目標」をリストアップして並べる。

その隣には、個々の目標に対応した「評価基準」を記入する。つまり、各領域の目標が達成されたか否かをどのように評価するかについて記述するのだ。

さらに、行動基準、すなわち「目標に近づくためのステップ」を計画し記述しておく。

計画を実行しはじめると、当初の評価基準が広すぎたり、あいまいだったりすることに気づくだろう。したがって、進み具合に応じて、スコアカードを改良していくとよい。進捗を

	目標	進捗を測る評価基準
地域社会	■自身のリーダーシップ・スキルをNPOで発揮する。 ■地域社会への奉仕活動に、より積極的に関わる。	■調査対象の各NPOについて知り得たことを記録する。 ■自分が理事会の会議に出席する回数を記録する。
自分自身	■他人の幸福に役に立ち、こちらもうれしくなる。 ■自分の取り組みの結果として、他者が成長する姿を見る。 ■思いやりのある人間になる。	■自分自身に関する自己評価を日記につける。 ■自分が他者に及ぼす影響を、影響をこうむるであろう人たちの潜在数に照らして評価する。 ■自分が思いやりのある人間になれたかどうか、第三者にフィードバックを求める。

目標に近づくためのステップ

- 複数のNPOに理事として名を連ねている上司の話を聞き、支援を仰ぐ。
- 自分が本当に関心があることを見極めるために、勤務先の財団の理事に面会を求める。そして、自分が働いている会社が、さまざまなコミュニティ団体とどのような関係を持っているかについても評価する。
- 自分の行動方針について婚約者と話し合い、NPOの理事になることに、彼女は賛同するかどうかを確認する。
- 12月15日の理事会の活動説明会に参加を申し込む。
- さまざまな地域活動について評価する。その後、興味のあるNPOに接触する。
- 地域活動団体の理事に応募する。

測る評価基準は具体的であることが重要である。

この点を押さえておけば、あとはあなたとステークホルダーに役立つようなアプローチでありさえすればよい。

これまでのワークショップを振り返ってみると、参加者たちの評価基準は百人百様であった。

たとえば、「旅行を取りやめて節約した金額」「誤解を招かずにすんだメールの数」「家族と一緒に過ごす時間の満足度」「10代向け施設での奉仕活動に費やした時間」などである。

■ 実験の進み具合を把握する

ケネス・チェンはこのツールを使って、以下の項目について詳細に設定した。すなわち、「①目標」「②進捗を測る評価基準」「③目標に近づくためのステップ」という3つである。ちなみに、彼の目標は、「NPOの理事になること」だった。これはほんの一例であり、もちろんこれら3つは各人各様である。

スコアカードの例

	目標	進捗を測る評価基準
仕事	■地域社会に奉仕するという期待に応える。 ■勤務先のみならず同業他社の人たちとの人脈を築く。 ■他のNPOや、いま参加しているNPOのチーム・リーダーシップについて学ぶ。	■NPOの理事会で出会った人の名刺をもらう。同じく、出会ったプロフェッショナルの数を記録する。 ■各会議のあとに、手本とすべき人たちのリーダーシップ・スキルを定期的に記録する。
家庭	■婚約者のセリーヌと一緒に、NPOの理事になる。 ■教師として地域で奉仕活動をしている姉と話し合えるような話題を持つ。	■セリーヌがNPOの理事会の仕事をしたいのかどうかを確認する。 ■今後3カ月について、姉と自分がコミュニティ・サービスについて会話する回数を記録する。さらにそれらの会話によって、彼女とより親密になれたかどうかを確認する。

評価基準には、客観的なものもあれば、主観的なものもある。

定性的あるいは定量的、本人による報告あるいは他者による報告、毎日あるいは時間をおいて確認するものなど、さまざまだ。

時間をおいて確認する場合は、その行動を長く覚えていられるかどうか、気をつけておいたほうがよい。

たとえばダイエットをする場合、食事量は重要な評価基準になる。しかし、あなたは2日前に食べたものを覚えていられるだろうか。

「これは一時的なもの」と言い切れることをする

あなたの生活全般を様変わりさせるような実験をやるべきではない。きわめて野心的な計画はたいてい、途中で息切れして失敗する。むしろ、何か新しいことを試せると同時に、変化に伴うリスクは最小の実験がいちばん望ましい。

得るものも少ないが、失うものも少ない実験ほど、変化を妨げる元凶、つまり失敗への恐怖が気にならない。結果がぽつぽつ出はじめて、周囲が変化に気づくようになると、そのことがあなたのやる気をさらに刺激し、また主要なステークホルダーからの支援も厚くなっていく。

小さな勝利に向けて実験に取り組むことには、別の意味でのプラス効果もある。ふだんは閉じている扉を開ける効果である。意思決定者の場合であれば、「ちょっとこれを試してみよう。うまくいかなければ、元のやり方にもどるか、何か違うことを試そう」といった具合である。その実験を試しにやってみる段階であれば、それほど抵抗はない。

次の条件を満たしていれば、新しいことを試す気になりやすい。

・実験が一時的なものであることを承知している。

・実験が自分の期待どおりに進んでいるかどうかについて、自分自身で判断できる。

ただし、小さな勝利といっても、人によって解釈が異なるかもしれない。つまり、あなたには小さなステップに見えるものが、私にはとても大きな飛躍に見える可能性もある。また、もちろんその逆もあり得る。したがって、この言葉にこだわってはいけない。

さらに、小さなステップだからといって、最終的な変化の大きさや重要性も小さいとは限らない。いくつもの小さなステップによって基礎が築かれ、やがて大きな変化に結実し、これが大きなアイデアを生み出す。実験の各ステップはちっぽけなものかもしれないが、目標はそうではない。

イスマイルの例を紹介しよう。起業家として成功した、現在50歳のITサービス会社のCEOである。彼は最初の実験の目標を、次のように記した。「私の会社、およびそこにおける私の役割を再構築する」。けっして小さなことではない。彼は自分が目的意識を失いつつあると感じていた。

イスマイルは、いかに時間がかかろうとも、この大きな目標に近づいていくために、現実的なステップを計画した。彼が最初に取り組んだ実験は、いずれもささやかで、実現可能なものばかりだった。

まず、妻も同僚も利用できるコミュニケーション方法を新たに導入した。また、家族と教会のために神聖な時間を確保しはじめた。これにより多くの時間を割くための実験として、権限委譲に着手した。これには組織をフラット化する効果があった。

これらの小さな勝利は、複数の領域にプラスの効果をもたらした。そしてイスマイルはついに、彼の会社とそこにおける彼自身の役割を変えることに成功した。

実験を始めてから1年半後に、私はイスマイルと面談した。彼は事業の支配権を失うことに抵抗があったことを認めた。その一方、実験について「小さな闘いに勝ち続ければ、最終的には全体として勝利できるというアイデアの証明」と表現した。このときすでに、イスマイルと経営陣は共に、新たな組織体制への自信を深めていた。

「最良の人生」に着実に近づいていく

トータル・リーダーシップ・プログラムを試す理由は、人それぞれである。なかには、本当にやりたいことができないために満足感を得られないという人もいる。自分の価値観に従って行動していないせいで、誠実に生きていると実感できない人もいる。自分の大切な人たちから遠ざかってしまい、疎外感を抱いている人もいる。

かれらは、信頼によるリーダーシップを切望し、豊かな人脈を渇望している。その一方、単なる倦怠からそのような状況に陥っている人もいる。このような人たちは創造性を発揮したいが、その方法を知らずにいる。ときにはその勇気に欠けている。もはやなす術がないと感じ、自分にとって大切なことのすべてに対処できていないと落胆している。

私の直感では、全方位の勝利を実現する方法は、あなたが思っている以上にたくさんある。その気になれば、明日にでも取り組める。必要なのは、全方位の勝利を模索する方法を知り、それを追求するために、周囲からの支援と熱意を求めることである。

人生の4領域すべてにおいて、いかに現実的かつ総合的で、創造的なリーダーになれるか、このプログラムはその青写真を提供する。またこれは、あなたが次のことを実現するうえで大きな一助となるだろう。

・あなたの人生で最も大切な人たちの基準に照らして、これまで以上の成果を上げる。
・人生の4領域すべてにおいて、これまで以上に快適に生きられる。
・人生の4領域にリソース（資源）を増やすことで、4領域における調和をよりいっそう育める。

現時点でのキャリアやポジションがどうであろうと、あなたはより優れたリーダーになれる。同時に、より豊かな生活を手に入れることができる。必要な条件はたった一つ、「心構えと意志を持って、課題に挑戦し、これを達成すること」である。

実験の9カテゴリー

私たちの研究から、うまくいった実験のほとんどが、以下に紹介する9つのカテゴリーの組み合わせであったことがわかった。このような方法で可能性を探れば、自分自身をちょっと変えることで、結果として「仕事」「家庭」「地域社会」、そして「自分自身」にプラスに作用するものは何かが見つかりやすくなるだろう。

1.「記録」と「内省」

自分の活動や考え、気持ちを記録し、場合によっては、この記録を、友人や家族、仕事仲間にも見せて、個人的な目標と仕事上の目標にどれくらい近づいているかを評価する。これによって自己認識を深め、優先順位に従って行動する。

「スポーツジムに出かけた日と合わせて、自分の活力の変化を記録する」

「一日のうちで、何かに没頭している時間帯と気だるい時間帯を記録する」など。

2.「計画」と「準備」

時間を有効活用し、将来に備えて計画を立てる。

「仕事のためだけでなく、すべての活動のためにＰＤＡ（携帯情報端末）を利用する」

「スケジュールをだれかと共有する」

「日曜日の晩に、一週間分の準備をする」など。

3.「回復」と「充電」

肉体面と精神面に注意し、新たな活力、集中力、やる気をもって日常生活と仕事に臨む。

「喫煙や飲酒など、健康を害するような習慣をやめる」

「小説を読む」

「ヨガや瞑想など、情緒面や精神面を改善するような活動を実践する」など。

4.「感謝」と「配慮」

人々と楽しく過ごす。たとえば、同僚とオフの時間を過ごす。他人を気遣う。だれかと心が触れ合える関係に感謝し、全人格にわたって他人を敬う。これらによって、信頼を高める。

「仕事仲間と一緒に、読書会やヘルスクラブに入会する」

「息子の宿題を手伝う」

「一カ月のうち一日は、地域奉仕活動に参加する」など。

5.「集中」と「専念」

重要なステークホルダーに関心を払うために、必要であれば、その場に出向くなり、精神的な支えになるなり、あるいはその両方を実行する（これによって、ときには何かの機会をあきらめたり、義務を断ることもあり得る）。「さまざまな場面で出会った大切な人たちにさらなる敬意を払う」「かれらと連絡を取り合えるようにする」などがこのカテゴリーに入る。

「決まった時間にデジタル機器の通信環境を遮断する」

「一つのことに、あるいはだれか一人のために、集中的に取り組む時間を用意する」

「一日のうち、メールをチェックするのは、あらかじめ決めた回数だけにする」など。

6.「開放」と「関与」

あなたの多くの部分をだれかと共有する。また、他人の意見に耳を傾ける。こうすることで、周囲の人々は、あなたの価値観や目指しているリーダーシップに向けた取り組みをいっそう支援できる。人生のさまざまな場面においてコミュニケーションを深めることで、全人格にわたって他人に敬意を表する。

「配偶者と信仰について毎週話し合う」

「あなたの将来の構想を他人に話す」

「新入社員を指導したり、アドバイスしたりする」など。

7.「時間変更」と「再配置」

在宅勤務、またはフレックスタイムで働く。その目的は、柔軟性を高めること、それによって地域社会や家族、または自分のための時間を確保しやすくすると同時に、効率を高めること。これまでの前提に疑問を呈し、新しい方法で物事に取り組んでみる。


「在宅勤務をする」

「昼休みに音楽のレッスンを受ける」

「通勤中に仕事をする」など。

8.「委任」と「育成」

周囲からの信頼を高め、時間を確保し、あなた自身と他者のスキルを開発するように仕事を再配分する。優先順位の低い活動を削減または排除して、より賢く働く。


「個人秘書を雇う」

「部下にあなたの仕事の一部をまかせる」など。

9.「探索」と「挑戦」

新しい仕事やキャリア、または他の活動のために、何らかの対策を講じる。この新たな取り組みによって、あなたの本当の価値観や強い願望が「仕事」「家庭」「地域社会」「自分自身」に色濃く表れていく。

「新しい仕事を引き受ける。たとえば、部門の枠を超えた仕事を請け負う」

「新しい指導スタイルを試す」

「子どもの保育所の運営に加わる」など。

行動のための手引き

理想を「行動」に落とし込んでいく

トータル・リーダーシップ・プログラムは、人生のさまざまな問題を和《やわ》らげてくれる。

人生には複数の領域があり、領域間の矛盾によって次のような問題が生じる。

・本当にやりたいことができないために満足感を得られない。

・自分の価値観に従って行動していないせいで、誠実に生きていると実感できない。

・自分の大切な人たちから遠ざかってしまう。

・周囲に合わせようとするあまり疲れきってしまう。

トータル・リーダーシップを利用してこうした問題に取り組むには、次のステップを踏む。

1.「内省」する

人生の4領域である「仕事」「家庭」「地域社会」「自分自身」のそれぞれについて、「自分にとってどの程度重要か」「どのくらいの時間とエネルギーを割いているか」「どのくらい満足しているか」を考える。あなたにとって重要なことと、時間とエネルギーの使い方とのあいだに矛盾は生じていないだろうか。また、人生全体を見たときに、自分が満足できるのはどういう状態だろう。

2.「可能性」を考える

4領域を振り返って得た気づきに基づいて、各領域でより大きな満足につながるちょっとした実験を、思いつくままに書き出す。リスクは最小限に抑えつつ、すぐに結果が明らかになる、これまで試したことのない方法を書くようにする。

〈例〉

・家族と夕食をとっている最中は携帯電話の電源を切る。そうすれば、あなたにとって最も重要な人たちだけに意識を集中できるようになる。

・週に数回エクササイズする。そうすれば、エネルギッシュになれる。
・同僚たちと同じクラブに入る。そうすれば、同僚との親交が深まる。
・日曜日の夜に翌週の準備をする。そうすれば、快眠が促され、新しい一週間を新たな気持ちで始められる。

3.「実験」を選ぶ

考え出した実験の候補から、最も有望な3つの実験に絞り込む。そのときは、以下の条件に従って絞り込む。

・人生の4領域すべてで満足度と結果が改善されること。
・すべての領域において大切な人から肯定される結果を生むこと。
・やらなかったときの代償が最も大きい（最も後悔する）実験であること。
・最も伸ばしたいと考えているスキルを実際に使い、実践したいと思っていることがもっと実践できる実験であること。

4.実験の「進み具合」を評価する

選んだ実験ごとにスコアカードを作成する。次ページに例を提示する。

■ 実験内容：週3回、妻（夫）と一緒に午前中に運動する

人生の領域	目標	進捗を測る評価基準
仕事	注意力と生産性を高める	カフェインを取らなくても1日を乗りきれたか？　営業活動の生産性が上がったか？
家庭	妻（夫）との距離を縮める	妻（夫）と口論する回数が減ったか？
地域社会	友人と一緒に寄付金集めのスポーツイベントに参加するための体力をつける	年末までに10キロのウォーキング大会に3回出場したか？
自分自身	自尊心を高める	自分に対する自信が高まったか？

目標に近づくためのステップ

・運動することに関して医師の意見をもらう。
・スポーツジムに通う。
・運動する日は目覚ましの時間を早めに設定する。
・同僚や家族や友人に実験のことを話し、彼らのどのような協力が必要か、そして、彼らにはどのようなメリットがあるかを説明する。

Chapter 7

「膨大な仕事」に飲まれない最良のアプローチ

自分の仕事を取りもどす

――スマントラ・ゴシャール
ハイケ・ブルック

90%のマネジャーが「しなくてもいい仕事」をしている

仕事の足を引っ張っているのは何かと問われて、ほとんどのマネジャーが、耳慣れた紋切り型の不満をくりかえす。すなわち「時間が足りない」「人や資源が不足している」「チャンスがない」等々――。

しかし、調べてみると、これらはほとんど言い訳にすぎない。

本当はもっと個人的な問題、つまりみずから判断し、これに従って行動することへの根深い不安が邪魔しているのだ。それゆえ、自社の成功、そして自分のキャリアを推し進めるうえで必要なことには尻込みし、他人が自分に期待していると思い込んだことに時間を浪費している。

われわれは過去5年間、国際的な航空会社やアメリカの石油会社をはじめ、さまざまな企業の何百人ものマネジャーたちについて、その日常業務に従事する様子を観察してきた。

2002年、「ハーバード・ビジネス・レビュー」に寄稿した「マネジャーが陥る多忙の罠」という論文[※1]で紹介したように、調査対象となったマネジャーの優に90%が、具体的な優先順位と目標を持ち、必要な仕事をするための十分な知識もあるにもかかわらず、いたずらに時間を浪費し、自分の生産性を無益に低下させていた。

みな、「そもそも自分には裁量や実権などない」と頭から決めてかかっている。それゆえに効率が低い。しかし、みずから考えて行動する能力は、成功を収めるマネジャーの最も重要な資質なのだが――。

マネジャーたちがどうしてもやらなければならないと考えていた仕事は、ほとんどの場合、じつはやってもやらなくてもよい任意の仕事であった。

われわれは本調査の過程において、何とも不思議な会社生活の実態に再三遭遇した。ほとんどのマネジャーが「自由に動ける余地がない」とこぼす一方、彼らの上司は部下であるこれらマネジャーたちがチャンスをつかもうとしないと嘆いていたのだ。

これは、ほとんどの組織で広く見られる現象である。われわれが観察したマネジャーのうちでも有能な者は、はっきりとした目的を掲げ、自分の判断を信じ、組織目標と合致した個人目標を実現すべく、長期的で大局的な視点を持ち合わせていた。

有能なマネジャーは「この3つ」をしている

彼らは、八方塞《はっぽうふさ》がりに見える状況でも、これを打破し、自分の仕事は自分で管理する。そして、以下に紹介する3つの教訓を守ることで、より生産的に仕事を処理している。

1.人の期待を「コントロール」する

ほとんどのマネジャーは、みずからの手で処理しなければならない業務量の多さに圧倒されている。彼らは「自分がいなければ、仕事は完全に止まってしまう」と信じ込んでおり、自分の判断よりも、目の前の仕事、あるいはみずから不可欠だと信じている仕事を優先させている。

一方、有能なマネジャーは、自分の仕事と主なステークホルダー（利害関係者）の期待を積極的にコントロールし、火消し作業に追われることなく、戦略的な目標を実現すべく邁《まい》進《しん》している。

2．必要な「リソース」をみずから調達する

平均的なマネジャーの多くは、トップの厳命であると信じ、予算やリソース（資源）の枠内で仕事をこなそうと考える傾向がある。そして「身動きできない」「したくてもできない」といったことが習い性となる。

これとは対照的に、有能なマネジャーは、現実の（または想像上の）制約から逃れるために、創造的な戦略を立案する。彼らは制約を回避する方法を綿密に計画し、長期戦略を立てる。妥協できるところは妥協し、目標を実現するためにはときとして規則も破る。

3．「代替案」を活用する

平均的なマネジャーは、全社の事業戦略を十分に把握できていないため、代替案を提示できない。

対照的に、有能なマネジャーは、全社戦略に関わる分野について深い専門知識を培い、それを活用する。そのような戦術によって、彼らは所与の状況において創造力あふれるアプローチをさまざまに考案している。※2

要するに、真に有能なマネジャーは、個々の課題や仕事ではなく、組織や自分のキャリアといった、より広い文脈に従って行動するのだ。このアプローチは一見簡単そうだが、いざ実行に移すとなると案外難しい。

エンパワーメントを喧伝《けんでん》する組織には、かえってマネジャーの意欲をくじくような文化があることがある。たとえば、ＩＴ分野の新興企業の場合、ときとしてマネジャーを極限に近いくらいの興奮状態に追い込んでしまい、長期的な目標を熟考し、それを粘り強く追求することを不可能にする。

また、組織が機能不全に陥っていようと、現状維持を奨励するような組織文化もある。この傾向は、とりわけ指揮命令系統が確立されている伝統的大企業に見られる。

いずれの環境でも、マネジャーは、いかに主導権を発揮しようとも、どうせ無視されるか、反対に遭うに違いないと決めてかかっており、心理的に受け身に陥りがちである。しかしほとんどの場合、マネジャーが目的を持ち、果敢に行動するのを妨げているのは環境ではなく、マネジャー自身である。

われわれは、どのマネジャーも自分の可能性を信じて行動し、高業績を生み出せるようになることを発見した。

以下に、その方法を紹介しよう。

CASE 1 マッキンゼー：ジェシカ・スパンジン
——人の期待を「コントロール」する

「やらなければならない仕事を全部こなすだけの時間がない」とだれもがこぼす。だがあれやこれやと多くの仕事に追われるだけの一日は、じつは何とも怠惰《たいだ》な一日ともいえる。なぜなら、火消し作業に当たるほうが、優先順位を決めて、これを守り、実行するよりも楽だからだ。

現実には、仕事の範囲と優先順位を入念に決めて行動するマネジャーのほうが、忙しがり屋のマネジャーよりもずっと多くのことを処理している。

忙しがり屋という習性を打ち破るには、マネジャーはまず、「なくてはならない存在でありたい」という心理的欲求を克服しなければならない。

マネジャーの仕事は他の人との協働を伴うため、相互依存的なものである。それゆえほとんどのマネジャーが、「自分は他の人に必要とされている」という意識にやりがいを感じる。

よい上司たるもの、いつでも部下に時間を割かなければならないという一般的な「誤解」にとらわれ、自分の上司やクライアントの期待に応えることに腐心していないときは、自分の部下のことばかり心配している。マネジャー、とくに新米マネジャーは、最初自分が必要とされることに大いに満足を感じるようだ。

忙しければ忙しいほど、自分が不可欠な存在であると感じる。とはいえ、事態の悪化を招くのは時間の問題である。最終的には、多くのマネジャーがエネルギーをすっかり消耗し尽くし、失敗に終わる。

その理由は、自分の課題を追求する時間がほとんどなくなってしまうばかりか、すべての人を満足させようとして、最終的にだれも満足させられない結果に終わることが多いことにある。

「人の期待」のために働いてはいけない

マッキンゼーのロンドン・オフィスのアソシエート・プリンシパル（AP）に昇進したばかりのジェシカ・スパンジンもこの落とし穴に陥った。

同社の場合、APはパートナーたちに大きな責任を負い、複数のプロジェクトを同時に担当しながら、チームリーダーを務め、オフィスの運営にも積極的に関わることが求められる。

スパンジンは、これらの任務にやみくもに飛び込んでいった。

すでに大きなプロジェクトを2件抱えていたが、これらに加えて、イギリス国内の大学とビジネススクールのMBA採用担当者の一人となり、社内調査プロジェクトに参加し、

6人のビジネス・アナリストのシニアコーチを務め、750人が参加するオフィスパーティを運営し、社内研修に関わり、さらにある医療サービス会社の新しいプロジェクトにも手を貸すように頼まれた。

彼女が担当していた3つのプロジェクトチームの最初のフィードバックによると、APとしての彼女の評価は下から2番目だった。なくてはならない存在でありたいという自分の願望は、自信の欠如から来ていることにスパンジンは気づいた。

「APとしての職責を果たせないと見なされるのではないかと思い、何を頼まれてもノーと言えませんでした。クライアントにミーティングに出てくれと言われて、断ったことも一度もありませんでした」と彼女は言う。「自分は何が得意か、自分にとって何が重要か、物理的に可能かどうかなど、いっさいかまわず、期待されていると感じたことは何でも取り組んでいたのです」

スパンジンが多忙なマネジャーから有能なマネジャーに変身するうえで、マッキンゼーで本当に成し遂げたいことは何か、そのビジョンを具体化することが第一歩となった。

彼女はパートナーに指名されたいと願っていた。パートナーとなった自分の姿をはっきりと心に描くことで、3~6カ月の短いタイムスパンで考える習性を改め、1~5年というタイムスパンで戦略的に考えるようになった。

このような長期的な計画に沿って考えることにより、スパンジンは長期的目標と優先順位をはっきりさせることができた。

ほどなくして、彼女は自身のキャリア開発を主体的に管理しはじめた。たとえば、まわりからはスパンジンの専門分野はこれまでの実績からコーポレート・バンキングだと考えられていた。しかし、次から次へとバンキング・プロジェクトを担当していたにもかかわらず、この分野にはあまり興味を抱いていない自分に気づいた。

そこで、本当に好きな分野に焦点を移すことにした。ほかの企業と同じく、マッキンゼーでも担当プロジェクトを選択するに当たって、コンサルタントに大きな裁量を与えているが、ほとんどのマネジャーがそのチャンスを生かしていなかった。

依頼を断ったほうが「評価」は上がる

スパンジンは自分の目標を具体化し、これを短期・中期・長期それぞれのマスタープランに組み込むことで、日々押し寄せる仕事に対応していたときよりも、ずっと意欲的に仕事に熱中できるようになった。

やがて彼女は、自分の時間をみずから管理するようにその行動を変えていった。すべての人に時間を割こうとした結果、自分を本当に必要とする人たちをおざなりにしていたことに気づいたからである。

そこで、クライアントやチームメンバーに費やす時間について優先順位を設けることにした。

まず、アシスタントの助けを借りて、仕事の無駄をなくした。それまでは、アシスタントが空き時間にミーティングの予定を順に割り当てていたが、自分でスケジュール管理をすることにした。その結果、ミーティングに出席する必要があるかどうか、みずから決めるようになった。また、忙しい時期とそうでない時期があることを発見した。たとえば、秋は出張が比較的少ないため、毎週半日は自分の長期的プロジェクトに時間を費やすことにした。

こうしてスパンジンは、効果的なマネジメントの皮肉な真実を悟った。重要な目標をすばやく実現するには、ペースダウンして事態を掌握する必要があったのである。

意外なことに、彼女が依頼を断っても、上司や部下、クライアントの反応は悪くなかった。

スパンジンは、すべての人を満足させようとするのをやめたとたん、自分の意思で引き受けた仕事に、より実効的に対応・遂行できるようになった。また、自分の目標やアイデアを積極的に打ち出すことで、周囲の自分への期待もコントロールできた。

最も重要な仕事に注力することで、スパンジンは期待を上回る実績を達成した。APとして下から2番目に評価されていたのが、翌年には上から2番目に評価された。そして2003年6月、スパンジンはマッキンゼーのパートナーに指名された。

CASE2 ルフトハンザ航空：トーマス・サッテルバーガー
――必要な「リソース」をみずから調達する

時間の不足に加えて、多くのマネジャーが「人がいない」「金が足りない」「設備が不十分である」「規則が多すぎる」とこぼす。

このように彼らは限られた資源に苦しむ。もどかしさのあまり、壁に頭を打ち続けるマネジャーもいれば、ただあきらめてしまうマネジャーもいる。

その一方で、長期的な戦略を立てて、じっくりと着実に自分の目標に取り組むマネジャーは、最終的に自分が必要とする支援を勝ち取っている。

94年、トーマス・サッテルバーガーはダイムラー・クライスラーを退職し、経営企画および人事部門のトップとしてルフトハンザ航空に入社した。そこで彼は、ありとあらゆる類の制約に直面することになる。

当時のルフトハンザではコスト削減計画が進行中で、5年間にわたって全部門が総支出額を毎年4％削減しなければならなかった。社員たちは一様に、このコスト削減命令は、操業を維持するために必要な活動以外への投資を禁じるものだと解釈していた。

加えて、ルフトハンザの人事業務は混乱状態にあった。日常的な依頼への対応に何カ月もかかることなど珍しくなく、しかも書類にはタイプミスがしばしば見られた。同社の人事部門は長年、このような業務上の問題を抱えていたのだった。

「必要不可欠」「あるとよいもの」「なくてもよいもの」を分ける

サッテルバーガーと同じ立場にあるマネジャーのほとんどにとっては、目標は単純極まりなかった。つまり、コストを拡大せず部の機能を正常化し、それがあともどりしないよう定着させ、給料を手にすることだ。

しかしサッテルバーガーには、もっと大きな野心があった。彼は、ドイツで最も先進的な人事部門を構築するという夢を抱いて、ルフトハンザにやってきたのだった。そのような組織は、元国営企業のルフトハンザを世界有数の航空会社に変容させるうえで、一役買うことだろう。

とくに彼は、従来の教育研修と人材開発の枠を大きく超えた、ドイツ初の企業内大学「ルフトハンザ・スクール・オブ・ビジネス」（ルフトハンザ経営大学）の設立を思い描いていた。大学は、戦略と組織および個人の能力開発の結びつきを強めるはずだ。

修士課程のほか、学位プログラムではないマネジメント・コースを含めたカリキュラムは、大学教授とグローバル企業のリーダーが設計・運営・評価する。これによって、ルフトハンザのマネジャーたちは優秀なリーダーたちから大いに学ぶことができるだろう。

自分の夢を追い求めるに当たり、サッテルバーガーは入念かつ賢明、そして辛抱強いアプローチを採用した。

まず、大学を一種のリーダーシップ開発の寺院と想定し、その設計図を頭のなかに描いていった。寺院はレンガを一つひとつ積み上げ、柱を一本一本築いて建造される。企業内大学を建物に見立てたこの比喩は、長期的な戦略のアクションプランを立てるうえで一助となった。


基本的な人事プロセスの整備は「基礎工事」に似ていると、サッテルバーガーは考えた。この作業が終わったあかつきには、ルフトハンザの全社戦略という「屋根」を支える柱となる一連の人材開発プログラムに取りかかることができる。

自分の計画を設計図に見立てることで、彼は「絶対に必要不可欠なもの」と「あるとよいもの」や「なくてもよいもの」を区別し、最も重要かつ達成可能な要素にのみ注力できるようになった。


サッテルバーガーは、自分が柔軟に行動しなければならず、自分の夢であるこの寺院の建築には何年にもわたる体系的な作業が必要なことを十分承知していた。しかし、ビジョンの全容についてはけっして人にもらすことはなかった。

これを知れば、ほとんどのステークホルダーがそのコストを想像して、尻込みするに違いないからだ。その代わり、個々のプロジェクトやプログラムについて、彼らの支持を取りつけ、それぞれのプロジェクトに順番に取り組んでいった。

次のステップは、自分が心に描いたとおりの基礎を整えることだ。サッテルバーガーは2年間で人事プロセスを再編した。この結果、迅速な対応が実現し、業務が効率化された。ルフトハンザの人材開発システムは惨憺《さんたん》たる状態にあり、だれもサッテルバーガーが期待を上回るどころか、これに応える実績を上げられるとさえ思っていなかった。しかし、サッテルバーガーは彼らが間違っていたことを証明した。

勝ち得た信用をフルに生かして、第3のステップに取りかかった。そう、一本一本の柱の構築である。「エクスプローラー21」と名づけたプロジェクトでは、マネジャー同士が相互学習する総合的な能力開発の機会をつくった。

別のプログラム「プロチーム」は、管理職候補者向けに開発した。さらに、ゼネラル・エレクトリックやシティグループ、ドイツ銀行、ダイムラー・クライスラー、SASといった企業のベストプラクティスを取り入れるために、大規模なプログラムも立ち上げた。

少しずつ「要求」を飲ませていく

最大の障害は予算だった。プロジェクト資金を捻出するために、サッテルバーガーは経営層を説得し、研修施設の一部を他社に貸し出すことにした。しかし、それでも資金は足りなかった。

サッテルバーガーは、自分がどのくらいのスピードで、どこまで事を推し進められるのか、よくよく心得ていた。あまり強引すぎると、反発を起こすことになる。そこで、予算を請求する際には、つねに交渉相手よりも強力な論拠と事実関係を準備した。

コントローラー（経営管理部門）の承認が得られなかったサッテルバーガーは、CEOのユルゲン・ウェバーに直訴した。ウェバーは企業内大学プロジェクトの価値を原則的には認めたものの、話し合いは穏やかなものではなかった。最終的にウェバーはこう言った。

「頼むから、やる以上は成功させてくれたまえ。ただし、予算をオーバーするな」

やがて、ウェバーと取締役会はサッテルバーガーが企画した各プログラムがどのように関連しているかを理解しはじめた。

98年3月、ルフトハンザの機先を制して、ダイムラー・クライスラーが、ドイツ初の企業内大学を設立しようとした。これを知ったサッテルバーガーは最後の行動に移った。何としてもダイムラー・クライスラーに先を越されないよう、「ルフトハンザ・スクール・オブ・ビジネス」の設立を要請するメモを取締役会に提出したのだ。取締役会は要請を即座に承認し、翌月ルフトハンザにおいてヨーロッパ最初の企業内大学が設立された。

しかし、一連のプロセスには時間がかかった。これは、すでに紹介したとおり、目的を持ったマネジャーが自分に言い聞かせなければならないことである。サッテルバーガーは数々の障害と闘い、大幅な遅れを甘受し、アイデアの一部を断念することもあえて受け入れた。

サッテルバーガーはまず、人事部門の立て直しに集中できるよう、企業内大学の計画を2年間待った。そして、入念かつ徐々にリソース面の制約の緩和に努めた。当初のリソースは期待を大きく下回るものだったが、サッテルバーガーの決意は揺るがなかった。ルフトハンザは企業内大学によってもたらされた利益を正確に評価してはいないが、そのROI（投資対効果）は相当高いと経営層は見ている。

CASE3 コノコフィリップス：ダン・アンダーソン——「代替案」を活用する

概してマネジャーは、意思決定を下したり、主導権を追求したりする際、「他の選択肢を検討しない」という落とし穴に陥りがちだ。選択肢の存在に気づかないか、それを知っていてもあえて利用しないのだ。自分の行動には自由があるということを忘れて、さまざまな選択肢を放棄してしまう。

これとは対照的に、目的を掲げて先導者を務めるマネジャーは、個人的な専門知識を磨き（これは自信につながる）、特定分野に関する幅広い見識を備え、周囲からの信用を高めることに努める。このようなマネジャーは、チャンスを見出し、それを逃すことなく開拓できる能力を養っていく。

ダン・アンダーソンは、ストックホルムの石油精製会社、コノコフィリップスのミドル・マネジャーのポジションにあった。フィンランド出身のアンダーソンは、フィンランド市場に関する深遠な知識という貴重な経営情報をコノコにもたらした。この知識のおかげでアンダーソンは、フィンランド語も同国のビジネス事情も知らないシニア・マネジャーたちに具体的な地域事情を提供することができた。

アンダーソンは、コノコの北欧市場を統轄《とうかつ》するマネージング・ディレクターから直接いろいろと教えを受けた。それゆえ、目に見えない経営上の要素、たとえば、不文律、意思決定プロセス、人間関係やその影響力などが、いかに新しいアイデアを左右するかについてすぐに飲み込んだ。また、正しい提案の仕方をはじめ、押しどきなのか引き際なのかのさじ加減についても感覚的に理解した。

プランBだけでなく、C、Dまで考える

アンダーソンは、過去50年間、ずっと独占状態にあったフィンランド市場への参入可能性を調査するチームに配属された。

このチームの最初の課題は、フィンランド国内における貯蔵設備の確保であった。推定予算1００万ドルのこのプロジェクトによって、コノコは自社のガソリンをフィンランド

に輸入できるようになる。

数カ月間にわたる徹底的な調査の末、チームはトゥルク市にロイヤル・ダッチ・シェルが何十年も前に放棄したタンク・ターミナルがあることを知った。1920年代に建造された一群のタンクは、一見したところそれほど古びてもおらず、いまでも使用可能と思われた。

コノコのチームは解決策の一つを見つけたと喜んだ。一方のアンダーソンはすでに、いくつかの代替策を考えていた。具体的には、プランBは貯蔵施設の新規建造、プランCは競合他社との合弁事業、プランDはタンク建造の出資者を探すことだった。

何カ月にもわたる交渉の末、トゥルク市役所の担当者はコノコに古いタンクのリースを認可した。しかしその直後、コノコの研究所から致命的な電話がかかってきた。このタンクは鋼鉄の炭素含有率が高すぎて、ガソリンの貯蔵には適さないというのだ。

貯蔵設備なくして、コノコのフィンランド市場参入は不可能である。同国内にはコノコが買収できるような施設はほかにはない。もはやプロジェクトを断念するしかないと思われた。チームのだれもがあきらめたが、ここにアンダーソンがプランBを実行に移すことを提案してきた。

自治体の支援を仰ぎ、この古いタンクのある場所に新しい貯蔵施設を建造する可能性についてトゥルク市の担当者と直接話し合うためにフィンランドを訪れるよう、彼は経営陣を説得した。そして、実際にその土地を見て、チャンスを察知した彼の上司は、新規建造にすっかり乗り気になった。

しかし、あいにくなことに、その土地には土壌汚染があった。浄化作業には数千万ユーロものコストがかかる。それでも、アンダーソンはあきらめなかった。市役所の担当者と協力し、当時の契約によると、汚染地の浄化はシェル社の責任であることを突き止めた。浄化作業が完了するや否や、コノコは新しいタンクの建造に着手した。そしてプロジェクト開始から3年後、最初のタンカーが港に着いたとき、市の代表者や何百人もの見物人、テレビ局の取材班、そしてコノコの経営層が詰めかけ、入港を祝った。いまやコノコはフィンランドで最も効率的なセルフサービス・スタンドを運営している。

アンダーソンはマネジャーとして、たんに仕事を遂行するだけでなく、何とかして自社の戦略目標を達成しようと努めたのである。障害に備えてあらゆる可能性に目を配り、また障害を乗り越える方法を探すことで、コノコと自分のチャンスを広げることに成功した。今日アンダーソンは、コノコフィリップスの欧州小売事業の開発を担当している。

もっと「選択の自由」があることに気づく

「まず行動ありき」という志向は、ごく限られた人に備わった特別な資質ではない。ほとんどのマネジャーがこの資質を養うことができる。

スパンジンの経験は、具体的な長期目標に焦点を絞ることで、いかに視野を広げることができるかを明らかにしたものだ。またサッテルバーガーとアンダーソンは、自分の立てた計画によって、さまざまな制約を克服し、何が可能なのかを証明してみせた。

さまざまなマネジャーを調査しているうちに、「みずから考えて行動する人」と「そうではない人」の違いは、マネジャーの職務が混乱を来し、統制が失われるほどの大規模な変化が訪れたとき、とりわけはっきりすることにわれわれは気づいた。

現実の、あるいは思い込みの期待に応えることに腐心しているマネジャーは、確固たるフレームワークを持っていないと、まごついて身動きが取れなくなってしまう。

対照的に、有能なマネジャーは自分の仕事の範囲を広げ、選択肢を拡大し、野心的な目標を追求するチャンスを逃さない。

自分の課題をみずから管理し、自分には選択の自由があることに気づくことができれば、自分の仕事が楽しめるようになる。優秀なマネジャーは自分の領域を超えた状況を求め、チャンスと見れば、それを逃さない。行動するマネジャーは仕事に引きずられるのではなく、主導権を持って仕事に当たっている。

成長し、「確実に目標を達成する」方法

自分の仕事を取りもどし、会社の優先事項に即して行動するには、3つの戦略を使う。

1．仕事に「優先順位」をつける

自分自身の目標と組織の目標をすばやく達成するには、焦らずに時間と注意力を一つのことに向ける。

〈例〉マッキンゼーのアソシエート・プリンシパル（AP）、ジェシカ・スパンジンは、自分のスキルや興味にほとんど関係のないプロジェクトをあまりにもたくさん抱え込んでいた。そしてどうなったか？　彼女に対するプロジェクトチームの評価は、APの中で下から2番目だった。

「なくてはならない存在でありたい」という自分の願望は、自信の欠如から来ていると気づいたスパンジンは、自分の仕事は自分で管理しようと行動に出た。

まずは「目標」をはっきりさせた。「パートナーになること」だ。

それから、目標の達成に向けて長期的な「優先順位」を決めた。彼女は自分の成長を自

分で管理しはじめたのだ。たとえば、「最も関心のある仕事を選ぶようになった」こともその一つだ。また、自分の時間もみずから管理するようになり、「本当に自分を必要としている人だけに会い、出張が比較的少ない月は、自分の長期的なプロジェクトに時間を使う」ようにした。

その結果は？　APの中で上から2番目の評価を得た。そして、マッキンゼーのパートナーに指名された。

2. 自由な発想で「必要な資源」を調達する

予算や資源の制約を緩和して必要とする支援を勝ち取るには、戦略を立てて目標に取り組む必要がある。また、辛抱強さも必要だ。勝ち取るまでに何年もかかることだってある。

〈例〉トーマス・サッテルバーガーは、人事部門のトップとしてルフトハンザ航空に入社した。彼の夢は「ドイツ初の企業内大学を創設すること」だった。

サッテルバーガーは、信頼を勝ち取るには数年かかるとわかっていたので、まずは非効率な人事部門の立て直しから始めた。その後、企業内大学の柱となるイニシアチブを構築し、役員とCEOに強力な論拠や事実関係を提示してそれらを実現するための資金を捻出した。

4年の歳月をかけた綿密な段取りの結果、ルフトハンザ航空のCEOと役員は、サッテルバーガーのプログラムがうまくいくことを理解した。そして、ダイムラー・クライスラーに先を越される前にわが社でビジネススクールの設立を、と彼が書いた要請書が取締役会に提出されると、即座に承認された。

3.「代替案」を活用する

専門知識を駆使して、目標達成を阻む可能性のある障害を予測し、回避する。そうすることで、会社と自分自身のチャンスの幅が広がる。

〈例〉石油精製会社コノコフィリップスのマネジャー、ダン・アンダーソンは、フィンランド市場参入を模索するチームのメンバーだった。当時、コノコはシェル社が放棄したフィンランドのタンクに石油を貯蔵することに決めていた。しかし、アンダーソンは万が一のための対策を考えた。その「プランB」には、新たな施設の建設などが含まれていた。

アンダーソンの努力は報われた。調査の結果、放棄されたタンクが石油貯蔵に適切ではないことがわかると、アンダーソンはプランBを発動する。あいにく、新しい施設の予定地が汚染されていると判明したが、アンダーソンは、その土壌を浄化する責任はシェルにあることを突き止めた。浄化終了後、コノコはタンクを建設した。

その後、コノコはフィンランドで最も効率的なセルフサービス・スタンドを運営する企業に成長した。現在、アンダーソンはコノコの欧州小売事業の開発を担当している。

Chapter 8

人の上に立つために最も大切な「4つのこと」

最高のリーダーが力を発揮する秘密は何か?

——ロバート・E・クィン

普通のときに「非常時のような力」を出す

リーダーは絶好調のときもあれば、そうでないときもある。なぜだろう。多くの人たちが優秀なリーダーになろうと、偉大なリーダーの特性と行動をつまびらかにし、それらを真似てみる。実際、リーダーシップに関する教育研修や書物のほとんどが、成功を収めたリーダーの行動を研究し、それを模倣《もほう》すべきだと説いている。

だが、われわれの研究グループは、リーダーたちが最も素晴らしい仕事を達成したとき、じつはだれの真似もしていないことを発見した。そのとき、かれらは自己の「根源」にある価値観と能力を引き出し、それをフル活用しているのだ。

言い換えれば、自分に忠実に行動している。皮肉なことに、一般に正しいと思われている方法とはまったく正反対なのだ。

私はそれを「リーダーシップの根源的状態」と呼んでいる。これは危機的状況に遭遇し、悩んだ末に前進することを選択したとき、おのずと発揮される。

あなたが、人生における重大な危機に直面したときのことを思い起こしてほしい。たとえば、白紙にもどった昇進、仕事での失敗、重い病、離婚、愛する者の死、その他の大きなショックなど。そのとき、おそらく周囲からの期待に応えるためではなく、「これが正解だ」という本能的な直感に従ったからこそ——つまり、最大限の力が発揮できる状態になったからこそ——そのような危機に立ち向かえたのではないだろうか。

では、危機的状況ではない普段のときでも、そのような根源的状態に至ることは可能だろうか。企業幹部を対象にコーチングを提供してきた私の経験によると、4つの問いに虚心坦懐に答えれば、いかなるときでもその状態に移ることができる。ただし、それは一時的なものであり、周囲の抵抗などに遭ったりすると、たちまち崩れてしまうのだが。

平常の状態と根源的状態とを往復するたびに、多少なりとも以前よりかは有能になり、周囲のパフォーマンスを向上させられるようになる。危機に瀕して、否《いや》が応でも根源的状態に押しやられるのを待つのではなく、意識してその状態に移ることで、やがてはだれもが有能なリーダーへと成長できる。

「大統領クラス」は、普段どういう状態なのか？

一見すると、いとも簡単に、しかも自然にリーダーシップを発揮し、人々からの羨望《せんぼう》の的になっている大統領、首相、ＣＥＯでさえ、いつも根源的状態にあるわけではない。ほとんどの場合、彼らも平常の状態にある。このような状態はたしかに健全であり、概してこのような状態であるべきだが、危機的状況に対処するには効果的ではない。

人は平常時において、安心できる、慣れ親しんだ居心地のよい状態にとどまり、自分の行動や意思決定を外部の力に頼る傾向がある。みずから範を垂れる力をなくしているため、改革を起こそうとする際、しばしば「論理で説き伏せる」か、「権威を行使する」かのいずれかの行動に訴える。

このような場合、部下たちは脅威を感じて、リーダーの言葉にとにかく従う。その結果は、えてして凡庸《ぼんよう》であり、抜本的イノベーションではなく、小さな改善に終わる。そのほとんどが既存のものの焼き直しにすぎないのだ。

部下たちのパフォーマンスを向上させるには、みずからの精神をリーダーシップの根源的状態へともっていかなければならない。そこに到達するには、以下の4つに従うことだ。

1.「成果主義」を志向する

1つ目は、ぬるま湯から出て、成果主義へと転向することだ。居心地のよい状態は安心できるが、やがて停滞と無意味さを感じるようになる。

ロバート・フリッツは『最も無理のない方法（The Path of Least Resistance）』（未邦訳）のなかで、ある質問に答えることで、日常的かつ受動的な状態から、より生産性の高い状態に移ることができると説いている。その質問とは、「どのような結果を出したいのか」である。この質問に正直に答えることで、問題の解決から目的の模索へと無理なく移行できる。

2.自分の「内なる声」に従う

2つ目は、外から方向づけられるのではなく、自分の内なる声に導かれる状態に移ることだ。このことは、他人からの期待にすぐ応じたり、社内の雰囲気に同調したりする状態から抜け出ることを意味している。

自分の内なる声に導かれるということは、自分の価値観を明らかにし、「誠実さ」「自信」「自分らしさ」を高めることにほかならない。より自信を深め、より自分らしくなるにつれて、おのずと行動は変わってくる。

周囲の人々はこの新しい行動の意味に気づくはずだ。新しい行動に共感する人もいるだろう。しかし、逆に気分を害する人もいるだろう。だからといって、このようなマイナスの反応が足かせになってはならない。もっとも、人は自分の価値観に忠実であろうとするとき、対立が起ころうと、さして抵抗を感じないものだ。

3.「利他的」になる

3つ目は、利己主義から利他主義への転換である。組織内のニーズを自分自身のそれに優先させるのである。

全体の利益より個人の利益のほうが勝ると考える人は少ない。それでも、自分の利益となるように人間関係を支配したいという衝動に駆られるのは自然なことであり、正常でもある。しかし、自己中心的な態度はやがて孤立を招く。

全体の利益を第一に考えるようになると、他者からの信頼と尊敬というかたちで報われる。そして、より強く、より固い絆が生み出され、共感力が高まることで結束力が生み出される。最終的には、共同体意識が高まり、対立を乗り越えることが可能になる。これは高業績組織に不可欠な要素である。

4.「外向的」になる

4つ目は、外部からの刺激にオープンになることだ。ここにはけっして愉快とはいえない刺激も含まれる。

人は正常であれば、自分に関係するであろうシグナルには注意を払う。それが多少の調整を伴うものでも、これに対応する。しかし、そのシグナルがこちらの仕事などに大きな変更を要求するものである場合、防御や否定の姿勢となる。このような自己防衛や自己欺《ぎ》瞞《まん》は、たえず変わりゆく外界と組織内の人々を分断する。つまり、時代遅れで、もう通用しない現実感に従って生きるようになってしまう。

リーダーシップの根源的状態に移ることができれば、人は物事の展開を認識し、新たなイメージを思い描くようになる。適応力が発揮され、個性的ですらある。このように外向的な状態にあるとき、一人ひとりの独自性が際立ってくる。

以上、これら4つの特性が柱となり、生産性を刺激し、魅力的かつ人間的な好影響が生まれる。ただし、これら4つの特性に乏しい人でも、影響力が大きい場合もある。その影響力は、ある種の力や支配力を基盤としており、そのようなリーダーにまじめに従おうとする人はいない。リーダーシップの根源的状態に到達してこそ、部下たちを魅了し、組織をより高いレベル、すなわち高業績を持続できる組織へと導くことができる。

■ 平常時と根源的状態の違い

平常時において、リーダーは通常、やるべきことを処理できる。しかし、もうひとつ高い次元、すなわちリーダーシップを十分発揮できる根源的状態にみずからを追い込まない限り、解決できない難題もある。以下に、それぞれの違いを示す。

平常時、私は――	根源的状態のとき、私は――
▼	▼
楽しいことが何よりである ▶既存の知識に従う。	成果主義である ▶意欲的な新しい成果を求め、なじんだ領域から思い切って抜け出す。
周囲の意見に従っている ▶秩序の平静のために他者のニーズに従う。	自分の内なる声に従っている ▶自分の価値観に従って行動する。
利己的である ▶組織の利益より自分の利益を優先する。	利他的である ▶全体の利益を最優先する。
内向的である ▶仕事に専念し、リスクを避けるために外からの声を遮断する。	外向的である ▶状況から学び、変革の必要があるときはそれを認識する。

「ぬるま湯」から自分を押し出すテクニック

通常、人は強制されない限り、ぬるま湯から出ようとしない。そのため、リーダーシップの根源的状態への到達を試みる際、一定のプロセスを踏むことは、多くの経営幹部たちの役に立っている。私はこのテクニックを経営幹部たちに授けると同時に、自分自身の仕事にも応用している。

このプロセスは、人間の自然な否定的心理を克服できるように設計されており、4つの質問を自問自答することで自覚が促される。人は自分の偽善者ぶりを自覚すれば、比較的容易に自己変革できる。ただし、リーダーシップの根源的状態という概念に慣れていない場合、それを理解し、受け入れる前に、次に紹介する2つのステップを踏む必要がある。

STEP1　過去の「根源的状態」を思い出す

リーダーならば、だれでもどこかでリーダーシップの根源的状態を体験している。個人的な問題、あるいは仕事上の深刻な課題に直面し、「心の闇」を見つめて過ごした経験があるはずだ。このような窮地から何とか抜け出すことで、リーダーは必然的に根源的状態に到達する。

私はワークショップでこのコンセプトを紹介する際には、過去の体験のうち厳しい2つの体験を思い起こして、「意志」「誠実さ」「信頼」「適応性」の面でどのような変化が起こったのか、深く考えてほしいと依頼する。最初は参加者全員が嫌がる。つらかった出来事を思い出さなければならないからだ。しかし、自分の体験をくわしく話すにつれて、すばらしい瞬間にもう一度立ち会おうとしていることに気づく。

つらい体験は、往々にして最善の自分を引き出す。このような瞬間に学んだ教訓を思い出せば、前向きな感情が解き放たれ、いまの自分に何ができるのかを理解しやすくなる。このワークショップでは、参加者たちに、危機的状況における自分の行動を、根源的状態の特性と関連づけて考えてもらう。

ワークショップの参加者たちに、自分の体験を他の参加者にも話してくれるように依頼することもある。当然ながら、人はそのような暗い瞬間については語りたがらないものだ。そこで私は、参加者が心を開いてくれるよう、自分の力がまさしく試された瞬間について話す。普段は秘密にしていることだ。自分の弱い部分をさらけ出すことで信頼を得て、参加者たちの胸襟《きょうきん》を開かせ、同じように勇気を奮ってもらうことができる。

経営幹部を対象としたあるワークショップでは、参加者の全員が全員、斜に構えていた。私が自分の体験談を披露して硬い雰囲気をほぐしたところ、参加者の一人が自分の体験談を話しはじめた。

それは、彼が転職をしたときの話だった。新しい職場で心機一転を図る前に、彼は休暇を取って家族で引っ越しの作業をしていた。だが休暇が終わる直前、新しい上司が狼狽《ろうばい》した様子で電話をかけてきて、こう言った。「休暇を切り上げて、出社してもらえないだろうか。じつは、ニューイングランドのエンジニアリング部門の全員が辞職してしまったんだ」。その地域の顧客サポートが完全に停止したというのだ。

彼は言われたとおり、休暇を返上して新しい職場でいきなり激務についた。家族は彼がいないなかで、何とか引っ越しの作業をしなければならなかった。彼はその後の数カ月間を、自分の人生のなかで「最悪であり、また最高だった経験」と説明した。

もう一人は、昇進してパリに駐在したときの体験談を発表した。フランス語が一言もしゃべれないままパリに異動したその週、ガンを患っていることが判明した。精神的な重圧の大きな経験だったせいか、その声は途切れ途切れだったが、病気や仕事の重圧を克服しつつ、強い影響力を行使できる本物のリーダーへとどのように変身できたのかについて語った。

他の参加者たちも、積極的に自分の体験談を話しはじめた。私には、彼らが大きく変わったことが見て取れた。当初の抵抗感と斜に構えた態度は消え、参加者はリーダーシップが十二分に発揮できる根源的状態を真剣に探りはじめたのだ。

彼らはこの方法の効果を認め、プライドや評判を盾に自己防衛することは、今後の成長の障害でしかないことを認識した。自己の体験を語るうちに、彼らは以前より目的意識を高め、自分らしさを失わず、思いやりがあり、打てば響く自分がそこにいることを知ったのだった。

STEP 2　自分の「現在の状態」を分析する

根源的状態に至ると、さまざまな好影響が表れる。たとえば「明快なビジョン」「満ちあふれたエネルギー」「思いやり」「独創的思考」などだ（209ページ「あなたはリーダーシップの根源的状態にあるか」を参照）。

リーダーであれば、このような力を例外なく発揮しているものだと考える向きもあるだろう。しかし、だれしもそうした力を発揮するときもあれば、そうでないときもあるというのが実態である。

平常時とベスト時のパフォーマンスを比較すれば、現状を改善したいという欲求が湧いてくることが多い。以前、いま以上の水準で力を発揮した経験があるということを自覚すれば、もう一度同じようにやれるという自信がつく。また、不確実性の高い未知の領域に踏み込むときの恐れを抑え込むこともできる。

この「どん底の状態」にどう対応するか？

当然ながら、リーダーシップの根源的状態を理解し、その威力を認識しても、その状態に到達できるわけではない。根源的状態に至るには、やはり行動を起こさなければならない。第一歩は、リーダーシップの根源的状態で示した「4つの特性」に対応する、「4つの質問」に答えることである。

根源的状態にあるあいだ、それぞれの特性が行動にどのような影響を及ぼすのかを説明するために、二人の経営幹部の例を紹介しよう。一人は社長を務めるジョン・ジョーンズ、もう一人のロバート・ヤマモトは、ロサンゼルスの青年会議所の常任理事である（いずれも仮名）。かつて二人共、職業や私生活についての考え方を一変させるような事態に遭遇し、苦悩した経験がある。

私がジョンに会ったのは、私が担当した経営者コースでのことだった。彼はグループ内子会社2社を再建させたチェンジ・リーダーだったが、不満を抱いていた。

ジョンは近い将来、現在の社長が退任したあと、グループ内で最大規模の会社の社長を約束されていた。当面は、別の子会社でそのときが来るのを待つように指示されていた。しかし、その会社が瀕死の状態にあることは、だれの目にも明らかだった。ジョンの任務

■ あなたはリーダーシップの根源的状態にあるか

リーダーシップが発揮できる根源的状態、つまりリーダーとして最大限の力を発揮できるベストの状態に到達したときのことを思い起こし、まず、以下の項目に沿って自分の特性を明らかにする。次に、現在のあなたの行動を表現していると思われる項目をチェックする。過去と現在を比べて大きな差がある場合、根源的状態に至るには、どのような変化を起こすべきかを考える。

ベストの状態のとき、私は――	現在、私は――		
		成果主義である	・どのような成果を実現したいのかがわかっている(いた)。
			・みずからに高い基準を課している(いた)。
			・行動を起こしている(いた)。
			・部下の力を試し、意欲をかき立てている(いた)。
			・現状を打破している(いた)。
			・人々の注目を集めている(いた)。
			・目的を共有しているという実感がある(あった)。
			・緊張感を忘れることなく対話している(いた)。
		自分の内なる声に従っている	・自分の価値観に偽りなく思考し、行動している(いた)。
			・みずから動機づけている(いた)。
			・力が満ちあふれていると感じている(いた)。
			・積極的に組織を導いている(いた)。
			・潜在的な対立や矛盾を顕在化させている(いた)。
			・本当に信じていることを体現している(いた)。
			・現実に関する共通認識が築かれているという実感がある(あった)。
			・本質的な対話をかわしている(いた)。
		利他的である	・共通の目的のために己の利益を犠牲にしている(いた)。
			・だれであれ、その潜在能力を見出している(いた)。
			・他者を信頼し、相互依存関係を育てている(いた)。
			・人々のニーズに共感している(いた)。
			・気配りを欠かさない(なかった)。
			・周囲を支援している(いた)。
			・共通の帰属意識を持っていると実感している(いた)。
			・他者を巻き込むような対話を行っている(いた)。
		外向的である	・不確実性に向かって前進している(いた)。
			・フィードバックをすすんで求めている(いた)。
			・現在進行中の事態に深い関心を払っている(いた)。
			・大いに学習している(いた)。
			・新たな機会の出現に目配りしている(いた)。
			・継続的に成長している(いた)。
			・貢献し合っているという実感がある(あった)。
			・創造的な対話をかわしている(いた)。

は、会社が葬り去られるのを見守ることだけだった。だが彼は内心、その会社の再建こそが自分の挑戦だと考えた。しかし、9カ月経ってもほとんど改善は見られず、熱意のある社員は少なかった。

一方、ロバート・ヤマモトのほうは、リーダーとしてとくに優れているとはいえないままでも、合格点のパフォーマンスを上げていた。したがって、会頭から「辞表を出してほしい」と言われたときは、大きなショックを受けた。苦い思いをかみしめながら、みずからを振り返る日々が続き、その間、不信感を募《つの》らせていった。自分のマネジメント・スキルとリーダーとしての能力についても疑いはじめた。家族と自分の将来を懸念した彼は、新たな職場を探しはじめた。求められた辞表も書いた。

ジョンにしてもロバートにしても、状況は厳しいように見えるが、じつは、彼らは変革への第一歩を踏み出しつつあったのである。

質問1「成果主義になっているか?」

ほとんどの場合、人は居心地のよさを求める。勝手がわかっていることを続けたい。たとえば、新しい成果を模索しているとき、それを実現するにはぬるま湯から抜け出さなければならないことがわかっていても、知らず知らずのうちに変化の少ない方法を探している。

「野心的な目標を達成しよう」と言いながらも、最も管理しやすいように業務を設計するのだ。おかげで意見の対立は避けられるが、既存のやり方を再生するだけに終始する。周囲もこれに加担して、欺瞞を演じる。居心地のよさを求めることは偽善であり、自己欺瞞であるが、それは自然な姿でもある。

どのような結果を実現したいのか、これを明らかにするには、まずこれまでの自分の態度を見直す必要がある。問題から逃避する代わりに、まだ存在していない可能性に向かって進むのだ。そうすれば、より「能動的」「意識的」「楽観的」「献身的」になり、かつ粘り強くなれる。また、やる気も高まり、他者にそのエネルギーを分け与えるような影響力も発揮できる。

再建を手がけてきたジョン・ジョーンズの話にもどろう。初めて彼と話したとき、彼は戦略について説明してくれたが、あまり熱が入っていなかった。情熱が欠けていると感じた私は、次のように問いかけた。これは彼の目的について、その決意のほどを試すことを意図したものである。

「部下のみなさんに真実を話してみてはどうですか。本当は上の人間のだれもあなたが成功することなど期待していなくて、1年半のあいだ瀕死の会社を看取《みと》る役目を引き受けただけだということ、そして、その任務を終えたら、またとない要職に就くことが約束されているのだということを。それから、『だがじつは、またとない要職をあきらめて、あなたたちにみずからのキャリアを賭けることにした』と語りかけるんです。そうして、会社の将来に対する新たな楽観的なビジョンを示しつつも、普段以上の力を必要とする課題を部下たちに与えるのです」

意外にもジョンは、自分もその線で考えはじめていたと答えた。彼は紙ナプキンをつかむとその上に、新たな戦略を、人事異動も含めたアクションプランと共に素早く書き上げた。それは具体的で、説得力にあふれていた。そこには、やる気に満ちた彼がいた。

ジョンに何が起こったのか、分析してみたい。彼は会社の社長であり、大きな権限を持っている。また、会社の再建に2回成功している。チェンジ・リーダーとしての知識と能力を備えていることは間違いない。

ところが今回、彼はチェンジ・リーダーとして失敗しつつあった。それは、ぬるま湯に浸かっていたからである。うわべだけの行動を起こし、別の会社でうまくいった方法を踏襲した。彼は偉大なるリーダーを真似たのだ。その偉大なるリーダーとは、過去のジョン自身だ。しかし、模倣はリーダーシップの根源的状態に到達する方法ではない。

もし私が、「あなたは本気でビジョンに取り組んでいないのではないですか」とジョンを非難したら、おそらく彼は憤慨し、真実を否定する熱弁をふるったことだろう。そこで、私に求められたのは、正しい方向に向かって彼の背中を押してやることだった。望む結果をイメージし、それに全力を傾けるや否や、新たな戦略が立ち現れ、彼は再びやる気を取りもどした。

「下の立場」ということに甘えない

ロバートの場合はどうだったか。彼は「これが最後だろう」と思いながら、理事会に出席した。ところが意に反して、自分が理事たちからの支持を得ていることに気づいた。驚いたことに、会議が終了した時点でも、彼のクビはまだつながっていた。

それでもなお、この思いがけない展開がきっかけとなって、ロバートはさらに自己分析を続けた。彼は自分の行動にいっそう注意を払うようになった。そして、自分がテクニックに頼る傾向があり、ルーチンばかりに時間を割きがちなことに気づいた。「私は部下たちを指導しているのではなく、ただ管理していたのです」。自己分析を終えての彼の結論である。

彼はある役割を演じていただけで、リーダーシップは会頭の専任事項であると考えていた。ただし、会頭自身にリーダーに求められる知識やビジョンがあったからではなく、その立場に規則で定められた権利が与えられていたからにすぎない。

ロバートいわく「その瞬間、本当の意味でこの組織を率いていこうと決意しました。まるで別人に生まれ変わったような気分でした。その決断は私のためではありませんでした。組織のためにそうすべきだったのです」。

このように決断したロバートは、どのような成果を実現したいのかを明らかにしはじめた。このプロセスを通じてぬるま湯から抜け出し、新たな方法を学び、これを実践し、以前とは異なる成果を具体化させていった。

質問2「自分の内なる声に導かれているか?」

平常時においては、だれもが対立を避け、同僚との関係を大切にしようと、社会的な制約に従う。ところが、対立の回避はややもすると政治的な妥協につながるために、同僚との関係はかえって薄まったように感じる。独自性と誠実さが失われていくからだ。成果主義から、社内政治上の平和へと焦点は徐々にずれていく。この問題が深刻化すると、人は希望とやる気を喪失していく。

ジョンの場合、これらの喪失は明白だった。彼はまさしく期待の星だった。しかし、少なくとも部分的に将来の報酬、つまりまたとない要職を意識しすぎたせいで、目の前のことに集中していなかった。そのため、彼は部下たちにほとんど要求しなかった。部下たちから多くのことを引き出すには、ジョンは自分の内なる声に耳を傾けるべきだったのだ。

質問3「利他的か?」

認めづらいことだろうが、多くの人が、ほとんどの場合、全体のニーズより自分のニーズを優先する。しかし、それは健全なことでもある。なぜなら、それはサバイバルの一手段だからだ。

しかし、自分の利益を追求して、人間関係を支配すると、他者からの信頼は損なわれる。周囲はそのリーダーの言うとおりに従うかもしれないが、かれらとの関係からエネルギーを得ることはできなくなる。やがては、必要不可欠な人間関係上の支援すら失ってしまう。

利他的であることは、周囲の、あるいはグループや組織の全体的な利益を守ることを約束することにほかならない。たとえ、それが個人的な代償を伴うにしてもだ。

ジョンは、リーダーシップの根源的状態に到達したとき、先の見えない将来に賭けた。彼はだれもがうらやむ要職を約束されていた。わずか数カ月、待てばよいだけだった。それでも彼は幸せではなかった。そのため、彼はチャンスを棒に振り、リーダーとしての価値観にさらに忠実な道を選択した。方向転換した時点で、より大きな利益のために個人的な保障を犠牲にしたのだ。

ロバートが語った「その決断は私のためではありませんでした。組織のためにそうすべきだったのです」という言葉を思い返してほしい。

リーダーシップの根源的状態に到達したあと、ロバートは会頭に新しい戦略的な方向性を提案した。そして、「理事会がそれを気に入らなければ、もはや未練なく組織を去ることができます」と伝えた。

彼個人にどのような影響が及ぶかは関係なく、その戦略はただ組織のためになるものだった。ロバートは、組織の利益を第一に考えたのだ。

リーダーがそのような行動に出れば、部下たちはそれに気づく。そして、リーダーは尊敬と信頼を得る。一方、メンバーも全体的な利益を優先する可能性が高まる。そうなれば、以前は不可能と思えた課題も実行できるようになる。

質問4「外向的か?」

外部からの刺激を遮断すると、仕事に集中できるというメリットがあるとはいえ、変革の必要性を伝えるシグナルを無視することになる。そのようなシグナルは、状況をコントロールしている力を放棄させ、リスクと対峙することを強いる。したがって、シグナルを否定することは、自己防衛とイコールであり、自己欺瞞なのだ。

ジョンは自分自身に、破綻《はたん》寸前の会社のために「やれることはすべてやった」と言い聞かせたが、心の底では、状況を改善できる能力を十二分に発揮していないことを承知していた。ロバートも自分をだましていた。

しかし、危機的状況と新たなチャンスに遭遇したことがきっかけとなって、二人とも、外部の刺激にオープンになった。そして、自分は与えられた役割を果たしているが、その役割を超えて部下を本当に導くために、持てる限りの知識や人間力をフル活用していないという事実を自覚するに至った。

外部の刺激にオープンであるか否かを自問することで、状況をコントロールすることから、状況から学習することへと焦点が移り、変革におけるニーズが容易に認識しやすくなる。その結果、二つのことが起こる。

第一に、それまで気にしていなかったシグナルに対応するには俊敏に行動せざるを得ない。すなわち、定型的なルーチンから抜け出すことになる。

第二に、試行錯誤を続けながらサバイバルするには、どのような結果を出したいのかについて、正確なイメージを描く必要がある。そのため、みずからすすんで、かつ本気になって忌憚《きたん》のないフィードバックを求めることになる。そうなると、その人への信頼感は増してくる。

辛辣《しんらつ》な意見を述べた人を恨むよりも、その言わんとするところを教訓とすることで、より正しく反応できるようになる。これがさらなるやる気を引き出すという好循環が生まれ、これまで見えなかったことが見えてくる。そして、変革につながる戦略を立案できるようになる。

「4つの状態」に反したときに破綻が訪れる

私はリーダーシップの根源的状態について教える一方で、自分自身の生活にもその概念を適用しようと努めている。私はミシガン大学にあるエグゼクティブ・エデュケーション・センターで、あるプロジェクトチームのリーダーを務めたことがある。

このセンターでは、30~40人の経営幹部が参加する、さまざまな1週間の研修コースを主催している。あるとき、リーダーシップに関する多角的な観点に基づいて構成された1週間コースという、新商品の開発が提案された。

まず、C・K・プラハラッドが戦略論の立場から口火を切り、それに続いてノール・ティシー、デイビッド・ウルリッチ、カール・E・ワイクと私がプレゼンテーションするというプログラムだった。目標は400席の大部屋を満席にすることだ。経営者の世界には相当数のわれわれのファンがいるため、満席間違いなしと自信満々だった。そのため、通常は施設の活用度が低い7月にこのコースを開催する予定を立てた。

準備を開始してから数カ月のあいだは、すべて完璧に進行していた。あるマーケティング・コンサルタントは、「開催日の3週間前までには、半分の200人が確実に申し込んでくるでしょう」と自信満々だった。実際、そのころには目標数の半分弱の申し込みがあったため、何もかも順調かに思えた。

ところが、別のマーケティング・コンサルタントは「このたぐいのセミナーでは、開催日の3週間前になって申し込んでくる人はめったにいません」と言う。この驚愕の予言をそのまま信じるならば、参加者は予想の半分、足が出なければラッキーということだ。

最悪の結果になった場合を思うと、チームリーダーである私の頭のなかは少々混乱気味だった。学部会のメンバーは満員御礼に慣れているため、半分が空席という現実に不機嫌になるかもしれない。学部長は不入りの理由を知りたがることだろう。おそらくセンターのスタッフたちは「問題はチームリーダーです」と指摘するのではないか。

その晩、私は何時間も部屋のなかを歩き回った。不安と戸惑いでいっぱいだった。やがて、こんなことをしていても何の役にも立たないと自分に言い聞かせ、机に向かい、例の4つの質問を書き出した。

その答えを考えているうちに、私はぬるま湯志向であり、外部の意見に導かれ、自己中心的で、内向的だったという結論に至った。

そこで私はまず、「どのような成果を出したいのか」を自問した。そして「申し込みが殺到するような、新しい、世界に通用するプログラムやセミナーをどのように提供すべきかについてセンターに学んでほしい」と書いた。

期待がはっきりすると、ひらめくものがあり、発想が自由になった。今回のようなセミナーを提供するのはこれが初めてであり、儲けることは必須事項ではない。儲かればそれはそれで結構だが、このようなイベントを成功裏に開催し、収支はトントンでも、将来黒字を出すための実験として、何かを学習できれば御の字ではないか。

次に、「どうすれば利他的になれるか」について問うた。当時の私は、まったく自己中心的だった。自分の評判ばかりを気にかけて、スタッフにイライラをぶつけることが少なくなかった。

だが、「今夜、スタッフたちは何を考えているのだろう」ということに意識を集中させてみると、「きっとかれらは、明日の朝、私がセンターに現れたとき、だれかを非難しようとしているのではないかと心配していることだろう」と思えてきた。そして、スタッフの能力を試す必要もあるが、支援の手を差し伸べることも大切であると思い至った。

最後に、どうすれば外向的になれるかについて考えた。それを考えることで不安を覚えたとしても、前を向いて、新しいことを学ぶチャンスとなるに違いないと確信した。そして、自分はこの案件の責任者として一切を取り仕切るのではなく、他者との対話を通じて解決策を探る必要性を痛感した。

スタッフは「敏感すぎる」ほどに反応する

私はマーケティング戦略のリストづくりを始めた。マーケティングについてはまったくの素人のため、その多くは噴飯《ふんぱん》ものだろうとは思ったが、それでも考えてみた。翌日、私はスタッフを集めた。無理もなかったが、スタッフたちはガードを固くしていた。

私は全員に、「われわれはどのような成果を望んでいるのでしょう」と尋ねた。その後の出来事は、リーダーシップの根源的状態がいかに周囲にも伝播《でんぱ》しやすいものかを示す恰好の例となった。

われわれはセミナーの参加者数を増やすための戦略について話し合った。そして、私はスタッフたちにこう告げた。「私なりに、マーケティングのアイデアがいくつかありますが、しょせん素人が考えたものなので、口にするのも恥ずかしいものばかりです。でも、役に立てることなら何でもすすんでやるつもりです」

かれらは、パブリシティや価格戦略など、私のうぶなアイデアの多くを笑った。それでも私の提案がきっかけとなって、真摯《しんし》な議論が起こり、ブレーンストーミングが始まり、全体的な戦略へと発展していった。

私は周囲の意見に耳を傾ける態度に変わっていたため、だれもが自分の意見を披露しようという気持ちになっていた。スタッフたちは、マスコミにアプローチする方法、参加へのインセンティブをどうつくるかについて、優れたアイデアを出した。

この会議を通じてプロジェクトチームは、共通の「目的意識」「現実感」「帰属意識」「貢献意識」を共有した。スタッフたちはほどよく楽観的な気分になって会議の席を立ち、やる気にあふれたチームへと一歩前に踏み出した。

最終的な参加者数は400人に満たなかった。しかし、イベントを成功させて余りあるだけの座席は埋まった。収支も若干黒字となり、このようなイベントをより効果的に運営するうえで不可欠なスキルも学んだ。

このプロジェクトはまさしく成功だった。なぜなら、スタッフを変身させる何かが生まれたからだ。ただし、この変身はあの会議の結果ではない。それはその前夜に、私が4つの質問について自問自答し、何ごとにも受け身だった平常時の状態から、リーダーシップの根源的状態に移ったときに始まったのだ。そして、私自身が根源的状態に到達したことが、スタッフの心構えに好影響を及ぼした。

危機的状況下において、リーダーシップの根源的状態が効果的に機能することはすでに実証済みだが、日常的な課題に対処する際にも大いに役立つ。重要な議論に臨むとき、大切なミーティングに出席するとき、大きなイベントに参加するとき、教室で教えるとき、私は事前準備の一環としてリーダーシップの根源的状態に到達しようと努める。

個人であれ、グループや組織としてであれ、私は仕事を始めるときには、必ず4つの質問をみずからに問う。そのおかげで、高業績につながることもしばしばだ。これが何度もくりかえされることで、やがては高業績な企業文化が創造されていく。

体験するほど「再現率」が高くなる

人はリーダーシップの根源的状態に到達すると、たちまち新たな考えが生まれ、新しい行動を実践しはじめる。ただし、この状態を永続させることはできない。数時間、数日、ときには数カ月続くこともあるが、やがては平常の状態にもどる。

根源的状態は一時的なものとはいえ、そこに到達するたびに、他者や自分自身を取り巻く環境についてより多くのことを学べる。そして、根源的状態を再現できる確率が高くなっていく。

それだけではない。周囲の人々を刺激して、以前より高いレベルのパフォーマンスへと導くことも可能だ。

前述したロバート・ヤマモトは、組織の過去と現在の違いに驚いている。彼がやる気に満ち、新しい方法で課題に取り組める能力を備えたリーダーに変身したことは、ロサンゼルス青年会議所をきわめて機能的に優れ、創造性あふれる組織へと改革するうえでの一助となった。ロバートと再会したとき、彼はこのように述べた。

「直面した問題を新しい角度からもう一度眺め、一緒になって解決策を考えることに積極的な人材が、職員にも理事会にもそろいました。会議を開くたびに新たなエネルギーで満ちあふれています。以前には想像できなかったことが、いまでは当たり前のことになっています」

理事長にすれば、このうえなくうれしい言葉に違いない。

ロバートがリーダーシップの根源的状態に至った際、組織内に新たなエネルギーとビジョンが吹き込まれ、平常の状態だった組織が活気づいた。彼が根源的状態から平常時にもどったあとでも、組織は高業績を維持している。大規模なスタッフの交替や組織の再編をせずとも、組織は引き続き活況を呈している。

これはロバートが、リーダーのベストプラクティスに関する本や記事を読んだから実現したわけではない。だれかの真似をしたわけでもない。これは、彼がぬるま湯から出て、リーダーシップの根源的状態に移ったから実現した。

彼は、望む成果を明らかにし、みずからの価値観に基づいて果敢に行動し、己の利益をかなぐり捨てて全体の利益を考え、リアルタイムで学習するために外向的な態度に変わるように追い詰められたのだ。
ロバートから、そして彼のような人々から、このアプローチによって自分自身に挑戦することの意義を学ぶことができるだろう。リーダーシップの根源的状態に到達するのは大変なことだが、これは自身の生活と周囲の人々に好影響を与える可能性が非常に大きなプロセスなのだ。

行動のための手引き

自分の「最大の力」を引き出す質問

リーダーシップの根源的状態に至るには、次のステップを踏む。

1．前に「根源的状態」に到達したときのことを思い出す

深刻な問題に直面したことがある人は、それを解決する過程で根源的状態に到達している。そのときの教訓を思い出せば、前向きな感情が解き放たれ、現状を打破するための新たな可能性が見えてくる。

2. 自分の「現在の状態」を分析する

平常時とベスト時のパフォーマンスを比較する。そうすることにより、現状を改善したいという欲求が高まり、かつて経験した根源的状態に入れる自信が湧きあがる。

3.「4つの質問」を自分に投げかける

〈例〉チェンジ・リーダーとして会社の再建をまかされたジョン・ジョーンズは、問題を抱えていた子会社2社の再建に成功した。彼は、グループ内の最大の会社の次期社長の座を約束されたが、当面は、瀕死の状態にある子会社が「最期」を迎えるのを見守りながら、そのときが来るのを待つように言われた。だがジョンは、その子会社を生き返らせることに決めた。しかし、9カ月経っても、事態は一向に進展しなかった。従業員にやる気がなかったのだ。

根源的状態に入るため、ジョンは4つの質問を自分に投げかけた。

・「成果主義か?」。こう自問したとたん、問題を抱える子会社の新しい戦略とそれを実行するための計画が、ジョンの頭に浮かんだ(社内の人事異動も含む)。明確かつ説得力のある戦略が思い浮かび、ジョンはやる気が出た。

質問	これまで	これから
成果主義か?	ぬるま湯に浸かったまま、いつもの問題を解決している。	まだ存在していない可能性に向かって進む。
自分の内なる声に導かれているか?	他人の期待に従い、現状に流されている。	自己の価値観を明確にする。自分らしく自信を持って行動する。生産性を高めるためなら、対立も辞さない。
利他的か?	自分の利益を追求した人間関係を形成している。	組織全体の利益のためなら、個人的な代償もいとわない。
外向的か?	状況を管理している。少しずつしか改善しない。定型のルーチンに依存している。	状況から学ぶ。大きな変化の必要性を理解する。ルーチンから抜け出す。

- 「自分の内なる声に導かれているか?」。自分に約束されたまたとない要職を意識しすぎて、部下にやる気を出させるために行うべき大変な仕事に着手していないことに気づいた。
- 「利他的か?」。ジョンは、瀕死の子会社を救うため、大会社の次期社長の座を辞退することにした。そのほうが、彼の考えるリーダーとしての価値観に即していたからだ。彼は、より大きな利益のために個人的な保障を犠牲にした。
- 「外向的か?」。ジョンは、「破綻寸前の子会社のためにやれることはすべてやった」と自分に言い聞かせるのをやめ、自分には状況を改善する力があると自覚した。

Chapter 9

自分を成長させ続ける「7つの質問」

ビジネスで定期的に考えるべき最重要の問い

——ロバート・S・キャプラン

あなたは必ず「苦境」に陥る

だれでも社会に出てすぐのころは、先輩たちからあれこれ指導を受けたり、後押しされたりする。だれかにたえず見守られ、コーチングやメンタリングを受ける。あなたもそうだったことだろう。成功を収めたリーダーたちもそうだった。

しかし、昇進していくにつれて、忌憚《きたん》のないアドバイスをしてくれる人は減っていき、ある時点を過ぎたら、何事も自分の裁量で処理しなければならなくなる。そうなると、あなたの上司は（上司がいたとして）、すでにあなたの日々の行動にほとんど無関心になっていることだろう。

何かミスを犯そうものなら、それが上司の耳に入るころには、ときすでに遅しである。上司に評価を変えてもらうのも、そうなってからでは遅すぎる。そのミスで業績に累が及ぶころには、どんな手を打とうと、もう出世街道にはもどれない。

どれほど才能にあふれ、いかに成功を収めていようと、人はだれでもミスを犯す。悪癖も身につく。気づかないうちに世界は微妙に変わり、かつてはうまくいったことも、だんだんうまくいかなくなる。

ゴールドマン・サックスで過ごした22年間、私はさまざまな事業に携わり、数多くのビジネスリーダーと一緒に働いたり、かれらをコーチングしたりする機会に恵まれた。ゴールドマン・サックスのシニア・リーダーシップ研修の委員長、そしてマネージング・ディレクターたちの評価、昇進や能力開発を課題とするパートナーシップ委員会の共同委員長も務めた。

このような経験に加えて、その後、さまざまな業界で多数の企業幹部たちにインタビューしたことから、いかに卓越したリーダーでも、その会社人生のあいだには道を外し、苦闘を強いられる時期が必ずあることを確信した。しかしその渦中にあるときは、なかなかそうとは気づかない。

事業環境や競合他社の変化、そして私生活の変化によっても、気づかないうちに調子を狂わされることがある。大成功を収めたリーダーとて、けっして道から外れない方法を承知しているわけではない。しかし、状況が悪化すれば、すぐさまそれに気づき、できるだけ素早く軌道修正するテクニックを身につけている。これこそ成功者の特徴といえよう。

私の経験では、その最善の方法とは、たとえば3カ月か6カ月に一度――もちろんうまくいっていないと感じたときはいつでも――一歩退き、自身に正直に「はたして自分はこれでよいのか」「やり方を変えなければならないのはどこか」と問うことである。単純なことに思えるが、マネジメントとリーダーシップの基本について自問自答することで、ショックを受ける人も少なくない。

自分では「どう評価されているか」はわからない

ここで、私がインタビューした、某大手金融機関のマネジャーの例を挙げよう。昇進を見送られていた彼は、上司から年度末の人事考課の結果を見せられて、びっくりした。「管理者として問題あり」と、これまで指摘されたことのなかった点が挙げられていたのである。

彼の上司は評価結果に関するコメントをいくつか読み上げたが、コミュニケーション能力が劣ること、事業戦略をうまく説明できないこと、チームから孤立する傾向があることなどが欠点とされていた。

彼はこの評価が公平性を欠いていると感じた。15年間も働いた後、不当な評価によって混乱し、明らかに誤解されていると感じはじめた。この会社にこれ以上とどまっても、はたして未来があるのだろうか——。

そこで、部下と同僚から5人選んで、「一対一で、歯に衣着せぬ意見とアドバイスをしてほしい」と頼んだ。すると驚いたことに、部下も同僚も、彼の最近の行動について、きわめて批判的であることが明らかになった。

事業をどのような方向に持っていこうとしているのかわからないばかりか、自分たちの意見がないがしろにされているように感じるという。しかし、このフィードバックのおかげで、日々の業務に忙殺されていたせいで、一歩下がって自分自身を見つめることを怠っていたことに気づいた。

これは重要な警鐘だった。彼はただちに行動を改め、これらの問題を解決すべく手を打った。翌年度の人事考課は大幅に改善し、やがて昇進して、業績も上向いた。

このマネジャーは幸運だった。手遅れになる前にフィードバックが得られたことで、キャリアを軌道修正できたからだ。ただし、人事考課で悪い成績がつくまでは、自分の行動を振り返り、リーダーシップの基本について自問自答しなかったことを後悔した。そして、そのような過ちを二度と犯すまいと心に誓った。

本稿では、リーダーたちが定期的に自問自答すべき「7つの質問」について説明する。この質問には正しい答えがあるわけではない。いつでも、どんな幹部にも、質問のすべてがしっくりくるわけでもない。

私が言いたいのは、このすべてに答えを出せということではない。仕事から一歩離れ、重要な問いに答える時間を設けることで、自分のパフォーマンスを改善し、深刻なビジネス上の問題が発生するのを未然に防げるのだ。

「ビジョン」を語らないと、ついていきようがない

驚くべきことだが、企業のリーダーは、次のように自問するのを怠りがちだ。

「どれくらいの頻度でビジョンを伝えているか?」

「何がビジョンであり、何が優先課題なのかと問われて、部下たちは答えられるか?」

履歴書を見る限り、大半のリーダーがリーダーシップにあふれている。対人関係スキル、

戦略立案スキル、分析スキル、チームビルディングのコツを押さえており、そして言うまでもなくビジョナリーでもある。

ところが残念なことに、日々の業務に追われて、そのビジョンを組織に浸透できていないケースがまことに多い。とくに問題なのは、事業を推進するうえで何をすべきなのか、部下たちが理解できるようにビジョンを伝えていないことである。どこに向かっているのか、何が期待されているのかがわからなければ、部下たちはついていきようがない。

「フォーチュン200」に名を連ねる某企業も、同じくこの問題を抱えていた。そこで、上位のマネジャー1000人を対象に、一回当たり100人ずつの2日間のマネジメント研修を実施することを決めた。研修の前には、全員が360度評価（上司、部下、同僚等、多様な立場からの評価）を受け、個人の業績に関わる重要な要素について、参加者の部下10人が点数をつけた。ただしその結果は、人事考課には影響しない。

経営陣はその結果について検討し、それぞれのマネジャーに下された評価の上位5つと下位5つにとくに注目した。管理の行き届いた企業だったが、「ビジョンを説明する能力」は、ほとんどのマネジャーの評価の下位5つに入っていた。

マネジャーたちはちゃんとビジョンを説明してはいた。しかし、部下たちの評価によれば、かれらはしかるべきリーダーシップを期待しているにもかかわらず、それに応えるほどには具体的でもなければ、その頻度も多くなかった。

組織は「方向性」がわかると動き出す

社員たちは会社がどこに向かっているのか、自分たちは何に集中すべきなのかについて知りたがっている。また環境の変化に伴い、ビジョンや優先課題がどのように変わるのかについても知っておきたい。

マネジャーたちは、率先して部下たちとコミュニケーションを図るように指示されているが、そのコミュニケーションは概して、当人の意図に反して不十分か、ビジョンを具体的な課題に落とし込めていないかのどちらかである。ビジョンや戦略について何度も話し合ったつもりでも、部下の要求水準をクリアするほどには詳細は伝わっていないものだ。

新興バイオテクノロジー企業のCEOを例に挙げて説明しよう。彼は、経営陣の意見が一致していないと見て、いらだっていた。

彼は向こう1年半以内に、エクイティ・ファイナンス（新株発行による資金調達）によって多額の資金を調達しなければならないと考えていた。ところが他の経営陣たちは、2つないしは3つの新薬がFDA（アメリカ食品医薬品局）から認可されるめどがつくまで待ちたかった。つまり、新たな収入源が確保されたところで、投資家たちと話したかったのである。

私がビジョンについて尋ねると、このCEOはおずおずと「じつは、ビジョン・ステートメントを書いたことはないのです」と答えた。新薬開発についてはは説得力あふれる計画を書き記していたが、これらの開発プロジェクトを裏づけるビジョンはなかったのだ。そこで、彼はビジョンについて話し合い、具体化させようと、経営陣とのオフサイト・ミーティングを開くことを決心した。

闊達《かったつ》な議論の後、ビジョンと戦略上の優先課題について意見の一致を見た。そしてこれらのゴールを達成するには、すぐにでも多額の資金調達が必要であると気づいた。さもなければ、ビジョンの核をなすプロジェクトの一部の規模を縮小せざるを得なくなるからだ。

この二者択一の問題の難しさに気づくと、経営陣はCEOが何を意図していたのか、ようやく理解した。そして、資金調達戦略に一致団結して臨むことを確認して、会議場を後にした。

これほど簡単に経営陣がまとまったことに、CEOは愕然とした。どこに向かうかについて合意していたならば、問題はもっと早くに解決していたであろうに――。

「説明」ができないから、自分で仕事を抱え込む

ビジョンを説明するときに陥りやすい罠は、プロジェクトの数を絞り込まないことであ

る。絞り込むには、徹底的に考え抜いたあとで、トレードオフの意思決定という悩ましい選択に臨まなければならない。このようなプロセスを経ることで、どのように時間を配分すべきかなど、社員には多くのことが伝わる。

ある企業の国内営業統括マネジャーは、直属の部下たちが重要な任務に専念できていないから、各地域の売上目標が達成できないのだと不満を感じていた。実際、売上は年初に設定された目標成長率を下回っていた。

私が彼に「あなたの部下たちが取り組むことになっている優先課題を、3〜5つ挙げてください」と頼むと、彼は一瞬言葉に詰まった。そして、じつは15あり、それを5つに絞るのは難しいと説明した。

そう言いながらも、彼の頭のなかには何かがひらめいたようだった。「なぜ自分と部下とのあいだに温度差が生じているのか」という問題に気づいたのである。彼が何を望んでいるのか、部下たちが正しく理解できなかったのは、彼が優先順位もつけず、また何に集中すればよいのかについて説明していなかったからだった。

彼はこの問題を2週間にわたって考えた。自分が地域担当マネジャーだったころを思い出し、何人かの同僚にも相談した。そのあとで、彼は営業目標を達成するうえで不可欠と思われる3つの優先課題を選び出した。そのうち最も重要なものは、新たに狙う大口取引候補を特定することであり、見込み客を精力的に訪問することだった。

地域担当マネジャーたちはすぐさま理解し、指示された3つの課題に集中しはじめた。優先課題が15もあれば、それはないに等しい。

リーダーは、部下たちが理解して行動できるように、ビジョンをしかるべき数の優先課題に具体化する責任を負っている。ビジョンと優先課題を伝えることを怠ると、時間にも効率にもツケが回ってくる。部下たちが全体像を把握していなければ、仕事をまかせることもままならない。その結果、自分が仕事を抱え込むはめになる。

もしあなたの部下も、さらにその部下にビジョンを効果的に伝え、その力を有効活用できなければ、この問題は連鎖的に組織全体に広がっていくことになる。

1週間の「何時間」を優先課題に使っているか？

自問自答すべき次の質問はまことに単純であり、かつビジョンと優先課題に関する質問と密接に関連している。すなわち、次の問いである。

「私はどのように時間を使っているのか？」

優先課題がはっきりしたら、その達成に向けて、時間——あなたの最も貴重な資産である——を使っているかどうかを考えよう。

たとえば、優先課題は二つあり、一つは「ベテラン社員の能力開発」であり、もう一つが「グローバルな事業展開」だったとしよう。しかし、ほとんどの時間が国内事業のオペレーションと人にまかせられるような事務仕事に費やされているならば、優先課題と時間の使い方がミスマッチを起こしていると認識すべきであり、すぐにでも改めるべきだ。

これほど単純な質問なのに、私も含め、多くのリーダーが正確に答えられない。最終的に時間の使い道が明らかになると、だれもがその結果にショックを受ける。

だれにでも、予期せぬ事態や日々の忙しさのせいで、予定どおりに動けず、後手にまわってしまうときがある。想定外の出来事に出くわしたり、人間関係に振り回されたり、いらぬ邪魔が入ったりしているうちに、月曜日から金曜日まで何をしていたのかはっきりしなかったりする。

私はリーダーたちに、1週間の行動について1時間単位で記録すると同時に、事業開拓、人材管理、戦略立案など、活動別に費やした時間を分類することを勧めてきた。ほとんどの人がその結果に驚いた、いやぞっとしたと言ってよい。最優先とすべき課題とそれに費やされた時間がまったく対応していないことが明らかになるからだ。

たとえば、ある中堅メーカーのCEOは、「週70時間働いても、仕事が追いつかない」

といらだっていた。家庭には軋《きし》みが生じている。またオフィスでは、上得意が電話してきても、部下が相談に訪れても、いつも手がふさがっており、ろくに対応できないという。

私はそのCEOに、「1週間、どのように時間を使っているか、時間単位で振り返ってみてはどうですか」とアドバイスした。その結果について、彼と一緒に検討してみたところ、経費の承認――500ドルというはした金の案件もあった――に相当な時間が取られていることが判明した。売上高5億ドルを誇る企業のCEOが、である。

彼はしどろもどろになりながら、なぜ仕事の一部をだれかにまかせていなかったのかについて説明した。それはたんに、会社がもっと小さかったころから続いてきた慣習だったのである。

2万5000ドル未満の営業経費の承認をだれかにまかせれば、週15時間も浮かせられる。これに気づいた彼は、なぜこの問題をもっと前に認識できなかったのか、なぜこんな簡単なことが変えられなかったのかに驚いていた。

投資判断のように「時間」を見つめる

リーダーがどのように時間を使っているかという問題は、本人のみならず、そのチームにとっても重要である。タイムマネジメントについても、部下はリーダーを手本にする。したがって、自身の行動、事業の優先課題、そしてチームの行動のあいだには一貫性がなければならない。

300人の社員を抱え、成長著しいプロフェッショナル・サービス会社のCEOは、さらなる事業拡大には、パートナーたちがクライアントとの関係をより深く、より継続的なものへと発展させる必要があると考えていた。言い換えれば、パートナーたちが事務所の外に出て、クライアントと会う時間を増やさなければならない。

私が、「失礼ですが、ご自身は、日々どのように過ごされているのですか?」と尋ねたところ、このCEOは答えられなかった。前述したような1週間の記録をつけた後、彼は内部管理の仕事に途方もない時間をかけていることを知り、愕然とした。

このような内向きの仕事に傾けられる集中力は、事業の優先課題を反映したものではない。自分の働きぶりを目にした部下たちは、矛盾を感じてしまうに違いない。このCEOはそう思い至った。

彼はさっそく管理業務のいくつかを人にまかせて、社外でクライアントと会う時間を増やし、部下たちのよき手本になるように努めた。各パートナーにも、自分と同じように時間を配分し、クライアントとの時間を増やすように指示した。

リーダーは、事業ニーズに合わせた時間配分を心がけなければならない。むろんそれは、一年中同じということはなく、たとえば人事異動や環境変化によって変わってくる。いずれにしても、何より重要なのは、どのような判断を下すにせよ、ビジョンと事業の優先課題に従って時間配分しなければならないということだ。

ビジネス上のプレッシャーによって、つい焦点がぶれがちになるからこそ、タイムマネジメントを定期的にチェックすることが重要である。巨額の投資判断を下すときのように、自分の時間の使い道について、一歩下がって客観的に見つめ直すことだ。

「フィードバック」を与えつつ、もらい続ける

「自分は部下たちに、どのようにフィードバックをしているか」と考えるとき、最初に問うべきは次の質問である。

「部下たちに、行動を起こすきっかけとなるようなフィードバックを、タイミングよく与えているか？」

そして2つ目の質問は、こうだ。

「耳が痛いとはいえ、聞かなければならない話をしてくれる年下の社員が5、6人いるか？」

野心的な部下であれば、コーチングやトレーニングを受けたいと遠慮なく申し出るだろう。手遅れになる前に、しかるべきフィードバックをもらい、何らかの手を打っておきたいからだ。年度末の人事考課では遅すぎるのだ。

けっして悪意からではなく、よかれと思ってのことなのだろうが、たいがいのリーダーは、ズバリと核心を突いたフィードバックをタイミングよく提示することが下手である。その理由の一つとして、「建設的なフィードバックや批判が、かえって部下の士気をくじくのではないか」と懸念していることが挙げられる。また、その場で忌憚《きたん》なく批判すると、けんかを売っているかのように誤解されかねないと危惧するからでもあり、また部下から嫌われやしないかとも案じている。

こうしてリーダーたちは、年度末の人事考課まで待つことが多い。これは、部下たちの業績評価、すなわち一年を総括した「判決」であり、このような席においてコーチングをすることは難しい。部下たちは通常、自己防衛にまわり、建設的な批判に耳をふさいでしまう。このアプローチは期せずして、しばしば部下たちを不愉快な気持ちにさせ、その自信をくじき、上司への信頼を損なう結果を招きやすい。

タイミングよく客観的なフィードバックができないリーダーは、年度末までは部下たちの評判もよいが、年度末になると、一転して嫌われ者になってしまう。これが現実なのだ。

もし人事考課が芳《かんば》しくなければ、当然ボーナスのみならず、昇給や昇格にも響く。また部下は、「その評価はおかしいのではないか」と疑念を抱くかもしれない。さらに悪いのは、「もっと早くにフィードバックしてくれれば、改善に努めていたのに」と逆恨みしてしまうことだ。

部下は心の底からフィードバックがほしい

部下はフィードバックをほしがるというのは本当のことである。つまるところ、かれらは真実を知りたくてしょうがないのだ。真実を告げられたからといって辞表を叩きつけたり、「もっとよい仕事はできないのか」と挑まれて会社を辞めたりする人はまずいない。ただし、もはや手遅れになってから話された場合は別だが――。

逆に、対処すべき問題は何かを理解すれば、会社にとどまり、率直かつ速やかに問題の所在を気づかせてくれた上司を信頼するようになるだろう。また、上司は自分のスキル開発に手を貸してくれる存在であり、年度末に不意打ちを食らうようなことはないと確信するだろう。

改善点を適宜《てきぎ》指摘されていれば、なかなか昇格させてもらえなくても、上司に反感を抱くことはない。改善して問題を克服できることを上司に示すため、さらに努力を重ねるかもしれない。

ゴールドマン・サックス時代、部下の専門知識を伸ばすには、コーチングと忌憚のないフィードバックをこまめに与えることが何より効果的だといつも感じていた。年度末の人事考課では遅すぎる。

マネージング・ディレクターを対象とした社内調査の結果でも、コーチングとフィードバックを年間通じて実施している場合と年度末の人事考課だけ実施する場合をくらべて、キャリア開発への満足感はまったく異なっていた。

「下からの評価」はしつこく聞かないとわからない

効果的なフィードバックを与えるのが難しいのと同様、ほとんどのリーダーが、部下からフィードバックをもらうのもやっかい極まりないと感じている。しかし、ある程度の地位に上ってしまったリーダーの仕事ぶりについて正しく評価できるのは、むしろフォロワーである部下や若手社員である。

かれらは日々、あなたの一挙手一投足を目のあたりにしている。あなたが下した判断を直接体験しているのだ。

リーダーと、さらにその上司の距離は大きく隔たっている。そこで、リーダーの上司はリーダーを評価する際、そのリーダーの部下たちから話を聞く。

年度末になって「そんなふうに思われているとはつゆほども知らなかった」という事態

を避けるためにも、建設的なフィードバックを率先して提供してくれる若手社員を複数抱えておく必要がある。

問題は、部下はリーダーのどこが間違っているのかを承知しているが、それをすすんで話してくれる人はほとんどいないということだ。それは当然である。話したところで何のメリットもなく、しかも悪いところばかり伝えることになるからだ。つまり、キャリアを重ね、重要な立場をまかされるようになると、耳が痛いが聞かねばならない「恐るべき真実」をだれも話してくれなくなる。

臆することなくリーダーに進言してくれる部下を育てるには、リーダーも部下も努力しなければならない。また部下の話を聞く際には、忍耐強く、しかもしつこく尋ねる必要がある。

私が部下に建設的なフィードバックを頼むと、かれらは通常、予想どおりの答えを返してくる。私は「非常によくやっている」と。そこで私は「いまとは違うふうにやるべきことは何だろう」と尋ねると、「何も思い当たりません」と答える。さらに「何かあるはずだろう」と聞き返しても、「何も思いつきません」と答える。そう言われたら、「そうか、ではゆっくり考えてくれたまえ、時間はたっぷりあるのだから」と頼む。

ここまで来ると、部下たちの額には汗がにじみはじめている。気詰まりな沈黙の後、やがて何かを話しはじめる。それを聞かされると、こちらは往々にして打ちのめされる。なぜなら、それは痛烈な批判であり、しかもそれが真実であると自分でも気づいていることが多いからだ。

部下からの厳しいフィードバックとどのように向き合うか、これはきわめて重要である。それを真摯に受け止め、みずからの行動を変えれば、業績は改善するだろう。同じく重要なのは、これをきっかけに信頼を再構築し、互いに率直なフィードバックを与え合う環境づくりに向けて大きな一歩を踏み出すことである。

部下の提案や助言を聞く耳を持っていることが伝われば、ビジネスにも、あなたの成功にも、かれらはいままで以上の当事者意識を感じるようになるだろう。その結果、あなたへの批判をすすんで口にするようになる。なぜなら、あなたがそれをありがたいと思っており、それに従うことを知っているからだ。

コーチングしてくれる部下の数が増えれば、リーダーとして自分のリーダーシップにどのような問題があるのかを見極めることができる。ひいてはそれが業績の改善につながる。

仕事をまかせれば、上からの評価も上がる

重要であるとは知りつつも、はっきり答えられないもう一つの質問が次である。

「頭のなかでは、後継者候補を少なくとも一人、あるいは数人選んでいるか？」

後継者候補の目星がついていないとすると、おそらく仕事のまかせ方も不十分になっていることだろう。だからこそ、この問題は重要といえる。さらに、意思決定のボトルネックになっている可能性も高い。もしそうならば、リーダーは喫緊《きっきん》の課題に十分な時間を費やしていない、あるいは部下の育成を怠っているといえる。

リーダーが自分は有能であり、どの部下よりもはるかにうまく仕事ができると信じ、何でも介入してしまうと、かえって事業不振を招き、最終的には自分のキャリアに悪影響を与えてしまう。実際、そのようなケースが少なくない。何とも皮肉なことである。

後継者問題は、組織全体に影響を及ぼしかねない重大な問題の一つである。リーダーが後継者を育てなければ、これから事業を支え、その発展を担う次世代リーダー層が薄くなってしまう。

さらに悪いことに、若手社員に能力開発の機会が与えられないと、かれらは新天地を求めて転職してしまうだろう。これらの理由からも、経営力が優れている企業の多くは、後継者の育成を怠っている社員を昇進させたりしない。

後継者候補を育てることができるのであれば、本人に直接伝えずに胸のうちに秘めておくだけでも十分だ。その場合、何か大きな責任を伴う仕事をまかせるとよいだろう。それによって急成長し、レベルアップに邁進《まいしん》するようになる。

厳しい任務を与えることで、部下の育成とそのキャリア開発を重視していることが伝わる。そうすれば、他社からの誘いがあっても、ぐらつかないだろう。リーダーがこのような態度を示せば、チームをうまくまとめられるし、成長著しい有望社員を他社に奪われることも防げる。

まかせなければ、組織は沈む

優れた人材の喪失は大きな痛手である。手応えのある仕事を全面的にまかせていれば引き止められたはずだったのであれば、なおさらつらい話だ。

私が某大手企業のある部門長にインタビューしたときのことである。彼は全社的に人材不足だと感じており、そのことを心配していた。自分の部下たちも重要な任務を引き継ぐ能力に欠けると見ており、そのせいで自分の時間を有効活用できないと感じていた。また、新製品やマーケティング活動がうまくいかないのも、この人材不足のせいだと思い込んでいた。

そうこうしているうちに、わずか半年のあいだに優秀な部下が二人も会社を去っていった。二人とも、もっとやりがいのある仕事を求めてライバル企業に転職したのだった。彼は二人に、新しい仕事を検討していることを強調し、慰留に努めた。だが、これまでにそのような兆候はみじんも感じられなかったため、二人はその言葉を信じ切れず、結局辞めていった。

「ライバルにさらわれる前に、かれらを、あるいはほかのだれかを後継者候補として考えたことはありましたか」と私は尋ねた。また「責任の重い仕事をまかせたことはありましたか」「かれらへのコーチングは十分でしたか」とも聞いてみた。

日々の仕事に忙殺され、仕事を遅らせまいと懸命になるあまり、どれもやっていなかったというのが、彼の答えだった。

そして、これら二人の潜在能力を見くびっていたことを認め、ほかの部下たちについてもおそらく過小評価していることに気づいた。

彼はすぐさま机に向かい、将来有望な社員のリストを作成し、それぞれの名前の横にキャリア開発と新しい仕事を書き添えた。遅すぎるかもしれないと心配していたが、とにかくこのサクセッション・プラン（後継者育成計画）に取り組みはじめた。

部下にやりがいのある仕事をまかせて、力を試しているときは、頻繁に権限委譲することになり、あなた自身は戦略上の重要課題に集中できる。そうすれば、リーダーとしてさらに成功し、あなた自身の魅力もいっそう高まるだろう。

自分は「変化への対応」を面倒がっているのでは？

世界はたえず変化している。顧客ニーズも変わっていく。事業も成長期から成熟期に移行するなど、同じく変化する。新製品や新たな流通チャネルが出現し、脅威となって立ちはだかることもあるだろう。

そのような変化が生じたとき、あなた自身も変わらなければ、置いていかれる。変化に対応しない価値観によって採用した人材とその配置、かれらに約束した金銭的インセンティブ、はたまたまかせた仕事では、高業績を維持することはおろか、それを支える組織文化など望むべくもない。

事業計画と事業のＫＦＳ（主要成功要因）を整合させることは、リーダーの責任である。そのためには、自身に次のように問わなければならない。

「私はアンテナを張りめぐらして事業環境の変化を察知し、それに応じて事業を見直したり、運営方法を変えたりしているか？」

もちろん、このように将来をはっきり見据えたうえで行動するのは非常に難しい。

目の前のビジネスに専心しているリーダーであるほど、かえってさりげない変化を察知できないかもしれない。事業を設計し、軌道に乗せるうえで中心的な役割を果たしてきたのであれば、抜本的な改革にためらいを感じるかもしれない。あなたが採用した部下のだれかをクビにしなければならないかもしれない。あるいはミスを犯したことを認め、マネジメント・スタイルを改めざるを得なくなり、しばらくのあいだは居心地の悪い思いを強いられるかもしれない。

そのような事態に真正面から向き合うのは、けっしてたやすいことではない。そこで、優秀な部下に新鮮な目で事業を分析してもらうのも一つの方法である。若手社員はあなたほどには思い入れがないため、やるべきことは何か、より客観的に把握できる。ここがミソだ。

これは、将来のリーダー候補の力を試せるうまいやり方であり、貴重な経験となるはずだ。また、戦略に関するスキルを発揮させるチャンスを与えることにもなる。一方、リーダーにすれば、部下の潜在能力を観察できる。

これは、サクセッション・プランについて述べたこととも関連している。今後の事業のあり方について、部下からすばらしいアイデア、斬新なアイデアが得られるかもしれない。

白紙からの「再設計」を人にゆだねる

このアプローチが奏功した例として、カリフォルニア州北部の某ハイテク企業を紹介しよう。同社はかつて、他社に先駆けて革新的な製品を開発していたが、最近は行き詰まり、市場シェアを失いつつあった。

初期のKFSは、主に製品イノベーションであり、また顧客ニーズに応えることだった。したがって、エンジニアとマーケターを中心に採用してきた。ところが、より高度なアプリケーションを引っ提げたライバルたちが現れはじめると、顧客の関心はコストとサービスに移っていった。

同社のCEOは、状況について客観的に分析した結果、企業変革の必要性、すなわちチーム編成を見直し、新しい組織体制を敷き、報奨制度を見直さなければならないことを認識した。

彼はみずからが手を下す代わりに、若手社員たちに「まったくの白紙から始める」ことを伝え、企業の再設計をまかせてみた。数週間後、いくつかの提案がなされ、CEOはさっそくそれを実行に移した。

たとえば、エンジニアリングと営業を同じオフィスに移す、顧客担当チームを統合するなどだ。そのほか、なるべく多くのエンジニアを顧客と接触させること、また採用でもコミュニケーションスキルを重視することが提案された。CEOは、もっと早くに若手にまかせておけばよかった、なぜ思いつかなかったのかと後悔した。

大成功を収めている企業でさえ、環境変化の影響をこうむる。優れたリーダーは定期的に、頭を一度空っぽにして、事業について検討する。事業への思い入れがまだ強くない社員からアドバイスを受け、展望について尋ねる。それもこれも、自分のマネジメントがいまなお適切かどうかを判断するためにほかならない。

まわりは「プレッシャー」のかかったあなたを見ている

事業にプレッシャーはつきものである。環境が変化すれば、喫緊の課題が生じる。ニューカマーが登場すれば、何らかの手を打って、対抗しなければならない。かけがえのない社員が辞めていく。しかも最悪のタイミングで。どれほど賢明であろうと、リーダーも部下もミスを犯す。

興味深いことに、ストレスを募《つの》らせるような出来事の影響は人それぞれである。あなたを不安に落とし込んだものが、ほかの人にはまったく気にならない場合もあれば、その逆もある。

たとえば、昇進の芽が出てきたことで、かえって不安に陥る人がいる。重大なミスがきっかけになる人、ライバルに顧客を奪われたことがきっかけになる人もいる。その原因が何であろうと、どんなリーダーもストレスを経験する。この問題については、次のように自問すべきだ。

「プレッシャーがかかると、自分はどのような行動に出るか。その行動は、部下たちにどのようなシグナルを送っているか?」

リーダーには、たえず視線が注がれている。危機的な状況にあっては、部下たちはあたかも虫眼鏡で見るかのように観察し、ちょっとしたことも見逃さない。

とくにプレッシャーを感じているリーダーの姿を見たとき、部下たちはあなたについて多くのことを発見する。口では何を言っていようと、本当は何を考えているのかを見抜く。たとえば、ミスを犯したとき、自分の非を素直に認めるのか、それとも人のせいにするのか。部下を助けるのか、それとも突き放すのか。冷静沈着か、それともかんしゃくを起こすのか。自己弁護するのか、それとも上層部の期待を代弁するのか。

したがって、あらためて自分を見つめて、みずからを極端な不安に陥《おとしい》れている状況について確認する必要がある。そして言動に注意し、部下たちのやる気を削ぐようなメッセージを送らないように努めなければならない。

多くのリーダーは、ふだんは落ち着いており、遠慮会釈ある行動を心がけているが、ある種のストレスを感じると、周囲を意気消沈させるような反応をする。まったく残念なことだ。

反論を受けつけない、部下を立てずに自分の手柄にする、自分のミスを認めないといった行動がしょっちゅうだとすると、部下たちに同じように振る舞うように奨励しているのと同じである。

言動を「価値観」と一致させる

ある大手アセットマネジメント会社のCEOは、会社は順調に成長しているが、アカウンタビリティ（顧客への説明責任）とチームワークを重視する企業文化を定着できないものかと、私に不満をこぼした。

私は彼の依頼を受けて、まず数人の社員に、運用銘柄が値下がりしたとき、CEOはどのような態度を取るかについて尋ねた。CEOは頻繁にかんしゃくを起こし、その銘柄を選んだ部下をこてんぱんになじるため、非難と責任追及という重苦しい雰囲気が社内に蔓延しているとのことだった。

実際には、投資銘柄はきわめて入念に設計されたプロセスに基づいて判断されており、ポートフォリオ・マネジャー、業界担当のアナリスト、CEOが共同で判断を下していた。

だが社員たちは、運用銘柄が値下がりしたときには、ＣＥＯのようにだれかにその責任を転嫁すればよいのだと考えていた。

この話を聞いたＣＥＯは、彼自身がチームワークや企業文化について熱く語るよりも、プレッシャーを感じているときの本能的な行動のほうが、よほど社員たちに影響を及ぼしていることに気づいた。

そこで彼は、ストレス下において自制する方法を学ばなければならないと悟った。その後、運用成績が悪いときには、とりわけ感情に訴えるような行動を慎むような策を講じたのである。

自分の運用銘柄が下がれば、担当者は後悔し、士気がくじかれてしまうものである。おそらく活を入れられるよりも、「気にするな」と励まされたいと思っていることにも気づくようになった。

上司の反応を戦々恐々としてうかがっている状況において、部下が悪いニュースをあえて知らせてくることはない。しかも、知らぬ存ぜぬで通したほうが賢明であると思っている場合にはなおさらである。

これは、言わば警報システムが壊れてしまったようなもので、思わぬ事態が発生しやすい。このような企業文化が定着してしまうと、部下がすすんで問題を報告してくるようなことはまずない。自分のキャリアを考えれば、自殺行為だからである。

リーダーとして円熟していく過程では、一歩引いてわが身を見つめ、何がプレッシャーの原因なのかを分析する癖を身につけること、このような状況下における自分の言動について認識すること、そして価値観と一致した行動を心がけるようにみずからを律することが必要である。

人の顔色を見て「発言」していないか？

はたして、自分のリーダーシップ・スタイルはビジネス上のニーズと合っているのか、ほとんどのリーダーはそう自問する。一方、あまり顧《かえり》みられることがないのは、自分のリーダーシップ・スタイルは、自分の信念や性格に基づくものなのかという問いである。したがって、次のように自問自答してみよう。

「自分のリーダーシップ・スタイルは、本当の私をきちんと反映しているのか？」

ビジネスのキャリアはマラソンであり、けっして短距離走ではない。自分に正直でなければ、やがては疲弊する。そこで、さまざまな人のリーダーシップ・スタイルを観察し、不自然さを感じない要素を見分けることだ。ちなみに、他人のリーダーシップ・スタイルの一部を取り入れたからといって、自分が失われるわけではない。

幸運にも私は、仕事を通じて、その人ならではのリーダーシップ・スキルを身につけた上司や同僚に出会うことができた。そのテクニックの一部を身につけようと試みたが、最終的には、私の性格とスキルに見合ったリーダーシップ・スタイルを総合的に形成する必要があることを学んだ。

リーダーシップ・スタイルは本当の自分自身を反映したものであるべきだ。スキル、価値観、性格に従うものであれば、多少型破りでもきわめて効果的である。

歳を重ねるにつれて、さらに次のように自問されたい。


「自分の考えをもれなく伝えられているか、それとも遠慮しがちになってはいないか?」

「あたりさわりのない言動が多くないか?」

「昇格やボーナスのことが気になるあまり、手加減したり、自分の意見を言うことをためらったりしてはいないか?」


計算高い野心家は、ささいな問題で対立したり、波風を立てたりするのを極力避けようとする。それよりたちが悪いのは、上司が何を考えているのか、とてつもないエネルギーを傾けて探り出し、同じことを考えていたかのように振る舞おうとする輩《やから》である。きわめて巧妙になると、上司が自分の意見を表明する前に、上司が言いたがっていることを言い、上司から認めてもらおうとする。

ここで再確認すべきは、「意見の対立や見解の相違は優れた意思決定に欠かせない」ということである。

私が加わったなかで最悪の意思決定のいくつかは、知的な人たちが全員一致で、ある行動に賛成したものである。そのとき、参加者の何人かは疑問を持っていた。あとで聞いてみると、「明らかに意見の一致に向かっていたので、そこに異を唱えることにためらいを覚えた」と認めている。

逆に、対立意見が活発に出され、議論を尽くした後――私自身は最終的な結論に反対だった場合でも――まずい決定が下されたというケースはほとんど思い出せない。

経営陣はリーダーたちに、「これが当社の方針だろう」と思われることをただオウム返しさせることを戒《いまし》め、みずからの信念に基づいた意見を表明させる必要がある。

リーダーたる者、みずからの見解を伝えているか、それともそれは隠してまわりの顔色をうかがいすぎていないか、自問してみるべきである。同時に、部下たちにも忌憚のない意見を発言し、必要とあらば異議を唱えるように奨励し、重大な問題を避けて通ろうとする態度を慎むように言い聞かせなければならない。

成功を収めたリーダーたちも、長い会社人生のあいだには、軌道修正するために四苦八苦を強いられる時期を何度か経験している。そのためには一歩下がって自分を見つめ直し、全体を俯瞰したうえで新しい作戦を立てるスキルを養わなければならない。

この過程において、答えを出すことよりも重要なのは、時間を取って、正しい質問をみずからに投げかけ、内省することである。本稿で提案した質問は、そのきっかけとなることを意図したものである。

あなたにしっくりくるのは、せいぜい一部かもしれない。自分なりの質問リストを作成したほうがよいかもしれない。

いずれにせよ、定期的に自省することは、リーダーとして避けられない困難と課題に立ち向かい、克服するうえで有益であることは間違いない。

行動のための手引き

これを「自問自答」すればレベルが上がる

キャプランは、リーダーシップの「7つの問題」について、定期的に自問自答することを提案している。

1.「ビジョン」と「優先課題」について

「どのくらいの頻度で、ビジョンとそのビジョンを達成するための優先課題を伝えているか？」

部下は、会社がどこに向かい、事業を推進するうえで何をすべきかを知りたがっている。また、世界の変化に伴い、ビジョンと優先課題がどのように変わる可能性があるのかも知りたがっている。

2.「タイムマネジメント」について

「自分の時間の使い方は優先課題に合っているのか？」

時間の使い方を記録すると、最優先課題と行動とがあまりにもかけ離れていて愕然とするケースがある。中には、ぞっとする人もいるだろう。上司の行動が最優先課題からかけ離れていると、部下は本当に優先すべきは何かと混乱してしまう。

3.「フィードバック」について

「部下たちに、行動を起こすきっかけとなるようなフィードバックをタイミングよく与えているか？」

部下は、真実を率直に伝えるフィードバックをタイミングよく提示してほしいと思っている。「この上司は問題があれば速やかに話してくれる」と部下から信頼されれば、社員の離職率は低下し、生産性は向上する。

4.「後継者の育成」について

「後継者候補の目星はついているか?」

会社を成長に導くことのできる将来のリーダーを育てることは重要だ。後継者候補の目星がついていないのなら、おそらく権限委譲も不十分だろう。それに、あなたが意思決定のボトルネックになっている可能性も高い。

5.「現状確認」と「調整」について

「アンテナを張り巡らして事業環境の変化を察知し、それに応じて運営方法を変えているか?」

いかなる企業でも、変化に伴う問題に直面する。たとえば、顧客のニーズや企業の成長によってもたらされる変化もその一例だ。会社にとってベストな発展の仕方を見極めるには、変化の必要がないか定期的に調査し、優秀な部下の視点から新鮮な意見をもらい、新しい組織のあり方を思い描かなければならない。

6.「プレッシャーに負けないリーダーシップ」について

「プレッシャーがかかるとどのような行動に出るか？」

危機的な状況にあると、部下はあなたの様子を事細かに観察する。そして、あなたの行動を真似る。プレッシャーのあるときに取ってしまっている自分の非生産的な行動がわかれば（他人のせいにする、かんしゃくを起こすなど）、そうした行動をコントロールしやすくなり、部下が取るべき行動について不本意なメッセージを送ることも避けられる。

7.「本当の自分」について

「自分のリーダーシップのスタイルは、本当の自分をきちんと反映しているか？」

ビジネスキャリアはマラソンであり、短距離走ではない。自分のスキルや価値観、性格に見合っていないリーダーシップ・スタイルを取っていては、やがて疲弊する。

Chapter 10

成果を最大化する「プロセス」を実行する

自己認識を変える5つの自己革新ステップ

――ダニエル・ゴールマン
リチャード・ボヤツィス、アニー・マッキー

「心のスタイル」は明らかに伝染する

職場における「ＥＱ」（Emotional Intelligence：心の知能指数）理論が広く注目を集め出したころ、筆者らは幹部役員からこういう声をよく聞かされた。彼らはまず「信じられない」とつぶやき、それから、「でも、そんな気がしていた」と言う。それも、ほとんど続けざまに。

こういう反応を受けたわれわれの研究は、「自己認識」や「共感」といった能力に表れる心の成熟と、仕事上の業績とのあいだの否定しようのないつながりを示した。いわゆる

「いい人」（つまりEQの高い人）が、最後に勝つことを示す研究だった。

われわれがさらに2年間を費やして新たに発見した事実は、また同じような反応を受けるのではないかと思う。読者はまず「まさか」と驚きの声を上げ、そしてすかさず「でも、そうかもな」と続けるだろう。

今回の研究で、最終的な業績に影響を与える要素のうち、リーダーのムードやそれに伴う行動が最も重要であることがわかってきたのだ。

それらは強力な相乗効果となって、一つの連鎖反応を引き起こす。リーダーのムードと行動が、チームメンバー全員のムードや行動をつき動かすのである。

気難しく情け容赦のない上司は、ぎすぎすしたムードの組織をつくる。そこには、チャンスを漫然と逃すようなマイナス思考の人材が溜まっていく。

周囲を動かす包容力あるリーダーのもとには、どんな課題にもひるまずやり抜く献身的な部下が集まってくる。こうした連鎖の輪は、業績へと結実する。

これを、リーダーの「心のスタイル」と名づけることにする。その圧倒的な影響力を示した今回の研究は、以前のEQに関する研究から大きく離れるものではない。「リーダーのEQが、職場においてある種の考え方や環境をつくりだしていく」という主張をさらに深く掘り下げたものである。

われわれの研究が示すところによれば、EQが高いレベルにあると、「情報共有」や「信頼」「健全なリスクテイキング」が生まれ、学習が成果に結びつく環境ができる。

逆にEQが低いと、不安や疑念のはびこる環境となる。短期間に限っていえば、緊張や恐怖に支配された部下の生産性は上がることもあり、会社の業績も上向くことがあるが、決して長続きはしないものである。


研究の着眼点は、EQがどのように業績を押し上げるかを見ることにあった。とくに、EQがリーダーから組織全体に広がり、最後の業績数値に結実していく過程を観察することにあった。この連鎖反応は、どういう仕組みで成立しているのか。

その答えを求めて、われわれは神経学と心理学における最新の研究成果を調べた。ビジネスリーダーたちとも協力して、同僚が行った数百人のリーダーに対する観察結果を取り入れると共に、ヘイ・グループ（人材コンサルティング会社）が蓄積してきた幹部役員のリーダーシップに関するデータも活用した。

研究の全体から、EQは組織内をあたかも電流のように伝わることがわかってきた。つまり、リーダーのムードにはたしかに伝染性があり、あっというまに企業のすみずみまで広がっていくのだ。

その「快活さ」はわざとらしい

ムードが伝染する仕組みについては後述するとして、まずわれわれの観察における重要ポイントをまとめておこう。リーダーのムードとそれに伴う行動がビジネス上の成功への大きな原動力となるとすれば、リーダーの最初の仕事――いや、最大の仕事と言うべきだろう――は、「心のリーダーシップ」であるはずだ。

リーダーたる者、つねに前向きで、信頼されるに足る、精力的な雰囲気を持つと同時に、慎重に選んだ行動によって部下も同じように感じ行動するよう仕向けなければならない。つまり、業績向上を目指すマネジメントは、気持ちと行動の正しい連鎖反応が起こるよう、まずリーダーが自分の内面をコントロールするところから始まるのである。

内面のコントロールは、もちろんやさしい仕事ではない。難事中の難事だという人も多いだろう。そして自分の感情が周囲にどう影響しているかを測ることも、やはり難しい。たとえばあるCEOは、自分が周囲に快活で信頼できる人間だという印象を与えている、と自信満々だった。しかし直属の部下たちに聞くと、彼の快活さはわざとらしい上っ面だけのもので、決定にも一貫性がないという（よくある認識のずれだが、「CEO病」と呼ぶことにしよう)。

つまり最高のリーダーシップを発揮するには、つねに真剣な表情をしているだけでは済まないということだ。自分の心のリーダーシップが組織全体のムードや行動をどう動かしていくか、深い内省によって判断し、自制心をもって自分の行動を変えていくことが必要である。

リーダーには機嫌の悪い日があってはならない、と言っているのではない。不機嫌なときはだれにでもある。われわれの研究でも明らかになっているが、よいムードというものはハイテンションである必要はなく、ノンストップに維持する必要もない。前向きで誠実、そして現実的な態度で十分である。

とはいえ、ほかにも大切な役目はあるにせよ、リーダーは何よりもまず自分のムードや行動が与える影響に注意を払うべきだ、という結論に変わりはない。

本稿では、幹部クラスが周囲の人々にそのリーダーシップをどう見られているかを知る方法と、影響を修正していく手段を紹介する。

その前にまず、職場でムードが話題になりにくい理由、人間の脳がムードを伝染させるメカニズム、そしてCEO病について留意すべきことなどを見ていくことにしよう。

「快活な環境」は頭の働きを高める

最初に、われわれの新たな調査結果には「まさか！」という反応があるだろうと述べたが、冗談でも何でもない。実際に、リーダーの感情的な影響力が職場で話題にされることはまずないし、リーダーシップや業績向上に関するビジネス書でも言及されない。だれもが、「ムード」などはあくまで個人的なものだと思っている。

アメリカ人は、個人的なことについて、はっとするほどあけすけに語ることもある（「ジェリー・スプリンガー・ショー」などテレビの告白もの番組を見れば、このことがよくわかる）が、一方では、法律の制約もまた厳しい。年齢差別は禁止されているから、求職者の年齢さえ尋ねることができない。同様に、上司のムードや、上司に影響される部下のムードについて語ることも、プライバシーの侵害と見なされるおそれがある。

リーダーの感情や、その影響力を話題にしない理由はもう一つ、あまりにもあやふやな話だからでもあろう。あなたは部下の勤務評定を行うときに、部下の気分そのものを評価したことがあるだろうか。

たとえば、「君の業績が伸びないのはネガティブな考え方のせいだ」「じつに熱心だね、感心するよ」などとちょっと触れることはあっても、ムードそのものを話題にすることは少ないだろうし、ましてや組織全体の業績に対する影響などは考えもしない。

それでも、われわれの研究成果には間違いなく、「やっぱり……」という反応があるだろう。リーダーの心の状態がいかに業績に結びつくかはだれもが知っている。だれでも一度や二度は、快活な上司に仕えて思いがけず熱心に働いた経験や、意地悪な上司のもとで苦しんだ経験があるだろう。

前者の場合には何でもやってのけられるような気になり、その結果高い目標もクリアでき、ライバル会社の鼻もあかせるし、新規顧客も獲得することができる。

逆の場合は、仕事が苦痛そのものになる。上司の暗いムードが影を落として、他の部署と敵対関係になり、社員は互いに疑心暗鬼に陥り、もちろん顧客も離れていく。

われわれの研究も、また他の社会科学者の研究も、こういった経験の正しさを裏書きしている（例外的に、残忍な上司のもとで素晴らしい業績が上がることもある。292ページ「『イヤなやつ』は本当に成功しないか?」を参照）。

挙げ切れないほど多数の研究があるが、その成果をかいつまんで言えば、リーダーがハッピーな気分であれば周囲の人々も物事をポジティブな目で見るようになる、ということだ。目標達成への見方も前向きとなり、意思決定の創造性と効率性が高まり、進んで周囲の役に立とうという気持ちが引き出される。

たとえばコーネル大学のアリス・アイセンが1999年に行った調査研究では、快活な環境は情報の獲得度と理解度を深め、複雑な判断を的確に下したり、柔軟な思考をしたりする際に頭の働きを高めるという。

また、ムードと業績を直接に関係づけた研究もある。

86年ペンシルベニア大学のマーティン・セリグマンとピーター・シュルマンが示したところでは、「酒がグラスにまだ半分ある」と考える楽観的な傾向の保険販売員は、「もうグラスに半分しかない」と思う悲観的な販売員よりも、拒絶に対して粘り強く、成約数も上がるのだという（これらの研究と筆者の研究の詳細については、www.eiconsortium.org を参照）。

ぎくしゃくした環境を醸し出す「心のスタイル」を持つリーダーは、結局は解雇の憂き目に遭うことが多い（表立った理由は、業績が悪いことであるが）。

ただし、これを防ぐ方法もないではない。悪いムードを変えることができるのと同様に、無能なリーダーが振りまく有害な雰囲気の広がりを防ぐこともできる。脳のメカニズムに注目すれば、その理由も防止法も見えてくる。

そばにいる人しだいで「脳」が変わる

人間の脳に関する研究が積み重ねられ、リーダーのムードが、善きにつけ悪しきにつけ周囲の人々の気持ちに影響を与えることが立証されるようになった。原因は、科学用語で言う「大脳辺縁系の開ループ的性格」にある。

大脳辺縁系とは、人間の感情をつかさどる部分である。そして「閉ループ系」が自己調節を行うものであるのに対して、「開ループ系」は外部の刺激によって調節を行う。

言い換えると、「人のムードは他者との関係によって決まる」ということである。開ループである辺縁系は、進化の過程で勝ち残ってきた機能であり、他者の心の救援を可能にする――たとえば同機能により、母親は泣いている赤ん坊をあやすことができる。

この開ループ系の仕組みは、こんにちでも数万年前とまったく同じように機能している。病院の集中治療室における研究では、安心できる人がそばにいるだけで、患者の血圧が下がるばかりか、血管をふさぐ脂肪酸の分泌も抑えられることがわかっている。

別の研究によると、1年間に3回以上強いストレス（たとえば深刻な金銭トラブル、解雇、離婚など）を受けると、社会的に孤立した中年男性では死亡率が通常の3倍に跳ね上がるが、親密な人間関係に恵まれた男性の死亡率は通常と変わらないという。

科学者はこの開ループの仕組みを、「対人的辺縁系調節」と呼んでいる。ある人間が発するシグナルによって、別の人間のホルモンレベルや心臓機能、睡眠リズム、免疫機能までが影響を受ける。したがって、カップルは互いの脳内のオキシトシン（脳下垂体後葉ホルモン）濃度を急激に高めさせ、快い親密な感情を呼び起こす。

これだけでなく、人と人が触れ合う場面では必ず、互いの生理作用がからみ合って動き出す。他者の存在が、辺縁系の開ループの仕組みを通じて、人々の生理と感情を変えていくからである。

他人でも2分で感情が「感染」する

この開ループの仕組みは、人間の生活と切り離せない関係にあるのだが、普段は意識されることがない。

科学者は、実験室内で活発に会話する2人の人間の生理作用（たとえば心拍数）を測定して、同調の様子をとらえている。会話をしはじめた時点では、2人の身体は別々のリズムで動いている。しかし15分も経つと、2人の身体の生理的特性が目に見えて近づいてくる。

科学研究においては、人間同士がそばにいると否応なしに感情が伝播《でんぱ》していくことが、何度も観察されている。すでに81年には、生理学者のハワード・フリードマンとロナルド・リッジオが、まったく非言語的な表現行動でも周囲の人間に影響を及ぼすことを示している。

互いに見知らぬ3人が、1、2分ほど向かい合わせに黙って座っているだけで、3人のうち感情を表現しやすい人のムードが他の2人に伝染する——一言も会話がなくても、である。オフィスでも会議室でも、工場のフロアでも同じだ。集団のメンバーは否応なく互いの感情をとらえてしまう。

2000年にニューヨーク大学のキャロライン・バーテルとミシガン大学のリチャード・サーベドラが行った研究は、いろいろな業界の70の職場チームを対象としたものだが、顔を合わせていっしょにいる人間はおよそ2時間で同じムード（よいムードであれ悪いムードであれ）になるという。

別の研究では、看護師のチームと会計士のチームに、数週間にわたって自分たちのムードを観察するよう依頼した。その結果、チーム内の人間のムードは全員がおおむね同じ変化を示し、仕事上の問題発生などとはほとんど関係がなかったという。

つまり、集団にも個人と同じような感情の浮き沈みがあり、嫉妬や苦悩、恍惚感《こうこつかん》に至るまで、あらゆる感情を共有するというのである（ちなみに、よいムードはユーモアをうまく使うことでとくに速く伝染する。左ページ「あなたが微笑めば、世界も微笑む」を参照）。

そして、トップの人間が発するムードは、とくに速く伝わる。それは、だれもが自分の上司に注目しているからだ。部下はみな、上司から感情の合図を受けているわけだ。

トップがあまり姿を見せない場合でも、たとえば最上階の部屋に閉じこもって執務しているCEOの場合でも、そのムードは直属の部下に影響を及ぼし、ドミノ倒しのように全社へと広がっていく。

あなたが微笑めば、世界も微笑む

上記の決まり文句はご存じだろうか。たしかに一片の真理をついている。本文で示したとおり、ムードの伝染は神経学的にも立証された現象だが、ただあらゆる感情が同じように伝播するわけではない。

1999年にイェール大学経営大学院のサイガル・バーセイドが行った研究によると、職場のチームのなかでは「快活さ」や「温かみ」は広がりやすいが、「いらだち」はそうでもなく、「抑鬱《よくうつ》」は最も広がりにくかったという。

あらゆる感情のなかでいちばん伝染しやすいのは「笑い」だと聞いても、驚く人はいないだろう。笑い声を聞いて、思わず笑ったり、微笑んだりせずにいるほうが難しい。人間の脳にある開ループ回路が、笑顔や笑い声をとらえて、同じ反応を起こすような仕組みになっているからである。

科学者の説によると、この機構は大昔に脳に備わったものだそうだ。笑顔や笑い声は連帯感を強め、種の生存に役立つからだという。

リーダーの最大の仕事、つまり自分と周囲のムードをコントロールする場合に即して言えば、こういうことになる——ユーモアは、快活なムードの広がりを助ける。

ただし、リーダーのムードと同様にユーモアは組織の精神風土や現実の状況に合致し、共鳴するものでなくてはならない。人間の笑顔や笑い声は、心からのものである場合にのみ伝染していくのである。

部下は上司に「真実」を言っていない

ムードがそれほど重要なら、リーダーは何としてもよいムードを保つべきだろうか。一応はイエスだが、話はそう単純ではない。

リーダーのムードが快活なとき、業績への影響は最も大きい。ただしリーダーのムードは、周囲の人間のムードとも調和していなくてはならない。この現象をムードの「共鳴」と呼ぶことにしよう（294ページ「優れたリーダーは『共鳴力』を備えている」を参照）。

筆者の見るところ、会社全体のムードと自分のムードの共鳴に無頓着なリーダーがあまりにも多い。

CEO病にかかっているのだ。CEO病患者の重篤な症状の一つは、自分のムードや行動が組織全体からどう見られているか、ほとんど把握していないことである。周囲の印象を気にかけない、というのとは違う。ほとんどのリーダーは気にしている。むしろ、「自分は周囲に与えている印象を正しく認識している」という間違った思い込みを抱いているのだ。もっとひどい場合は、周囲にネガティブな影響を与えているならだれかが忠告してくれるはずだ、と思っていたりする。心得違いである。

筆者が調査した企業のCEOは、こう語っていた。

「どうも真実を知らされていないようだ、と感じることがよくある。どういう点か、なかなかはっきりとは言えないが――だれも私に嘘をつくわけではないので。ただ、周囲の者が情報を隠したり、重要な事実をごまかしたりしているのじゃないかと感じる。嘘をついているわけではないが、私に知らせるべきすべてを伝えてはいないと……。いつも裏を考えてしまう」

部下はいくつかの理由で、リーダーの感情的な影響について真っ向から忠告することはない。

悪いニュースのメッセンジャーになって、とばっちりを食らうのは真っ平だろう。個人的な面について意見を言うのは自分の仕事ではない、と思う場合もある。さらには、リーダーの「心のスタイル」の影響を問題にすべきだとはっきり気づいていない場合もある――あまりにあやふやな対象に思えるからだ。

いずれにせよCEOは、自分への印象を部下が率先してありのまま語ってくれる、などとは思わないほうがいい。

あなたは「同じ感情」をくりかえしている

自己の発見と変革のために筆者がお勧めする方法は、管理職向けに次々と登場する最近の自己啓発ものとは異なり、新奇でもなければ、素人向けの心理学もどきによるものでもない。優れたリーダーシップにおいて最も重要なEQをどうすれば伸ばすことができるかについての、3つの流れからなる確実な研究成果を基礎としたものである（これらの研究についてもwww.eiconsortium.orgを参照）。

89年、筆者の一人（リチャード・ボヤツィス）は、この研究結果を下敷きに5段階からなる「自己変革のプロセス」をつくりあげた。すでに無数の幹部役員がこれで成果を上げている。

われわれの方法は、従来からある多数のコーチング手法とは違い、脳科学を基礎としている。

人の感情スキル、つまり人が生活や仕事に対するときの態度や能力は、目の色や肌の色のように遺伝子に組み込まれているわけではない。しかしある意味では、それに近い状態にあるともいえる。神経系に深く刻み込まれているからだ。

事実、人の感情スキルには遺伝的な側面もある。たとえば、シャイな態度を発現させる遺伝子は発見されている。シャイな態度はムードとは異なるが、つねに静かな物腰となって表れることは確かで、それが沈んだムードに見られることはあるだろう。

また、異様に明るい人もいる。やたらに元気があって、極端だと思うくらいだが、両親に会うと、これがまた活気にあふれた人たちだというケースである。

ある幹部役員の話を紹介しよう。「私は赤ん坊のころから、本当にずっとハッピーな気分だった。私を見て腹を立てる人もいるが、努力しても憂鬱な気分にはどうしてもなれない。弟も同じ。人生の明るい面だけを見ているんだ。離婚騒ぎのときでさえね」

感情スキルは半ば生まれつきのものだが、遺伝形質がどのように表れるかには、生まれてからの経験が大きく影響する。

幸福な赤ん坊でも、両親を失うとか、虐待を受けるとかにより、陰鬱な大人になることがある。怒りっぽい子どもでも、自分を生かす道を見つければ、快活な大人になり得る。

とはいえ、研究によると人間の感情スキルの幅は20代中ごろまでにはおおむね固まり、行動のほうも深く根を張った習慣となってくる。

問題はここだ。ハッピー、憂鬱、怒りなど、どういうムードから生じたものであれ、同じ行動を幾度となくくりかえすと、それが脳の回路に強く刻み込まれ、その先ずっと同じように感じ、同じパターンで行動するようになる。

「思考法」を変える5つのステップ

だからこそ、リーダーにとってEQはきわめて重要なのだ。

優れたEQを持つリーダーは、自己認識によって自分のムードを観察し、自己管理によってよい方向に切り換え、共感することで周囲への影響を正しく把握し、関わり方をうまく管理することで周囲のムードを高めるよう行動することができる。

次に示す5つのステップからなる変革プロセスは、EQの高い行動に向けて脳の伝達回路を変えることを狙っている。

1.「理想の姿」を思い浮かべる
2.周囲の目に映っている「現実の姿」を見つめる
3.理想を現実化する「計画」をつくり、「実行」する
4.「行動」をくりかえす
5.「見張り役」を設ける

では、各ステップを順に詳しく見ていこう。

STEP1 「理想の姿」を思い浮かべる

北欧のある通信会社でシニア・マネジャーを務めるソフィアは、自分の心のリーダー

シップが周囲にどういう影響を与えているかを自覚する必要を感じていた。

彼女はストレスを受けると、周囲とのコミュニケーションが悪化したり、「仕事をきちんと仕上げる」ために部下の仕事を取り上げたりしてしまう傾向があった。

リーダー向けのセミナーを受講してもこの習慣は改まらず、マネジメントの本を読んだり、コーチについたりしても効果がなかった。

筆者はソフィアに対して、8年後に優れたリーダーとなっている自分の姿を想像して、ある一日の様子を文章にしてみるよう指示した。「8年後には何をしているか。どこに住んでいるか。そばにはだれがいるか。どういう気分だろうか」

自分の根底にある価値観、いつの日か実現したいと願う夢を見つめ、理想がどういうかたちで日々の生活に表れてくるかを説明してもらったのだ。

ソフィアは将来の姿として、10人の少数精鋭を率いる会社の社長を思い描いた。自分の娘とも何でも話し合える間柄でうまくいっているし、友人や同僚との信頼関係もうまくいっている。リーダーとしても、親としても、打ち解けた明るい人間で、周囲のだれに対しても愛情深く接し、信頼して何でもまかせることのできる自分を空想した。

全般的に、ソフィアの自己認識レベルは低かった。職場や家庭で、いまの自分はなぜいつも苦闘しているのか、正しく指摘することはほとんどできなかった。「とにかく、なにもかもうまくいかない」と嘆くばかりの状態。

この段階では、もしすべてがうまくいっていれば人生はどうなるかと思い描いて、自分の心のスタイルに欠けている部分に目を開いてもらうことが先決だ。これによってソフィアも、自分が周囲に与えている影響に気づくことができた。

STEP2　周囲の目に映っている「現実の姿」を見つめる

自己発見の次のステップは、自分のリーダーシップが周囲にどう見えているかを知ることである。

これは、困難かつ危険も伴う作業だ。困難な理由は、上司や同僚にわざわざ真の姿を教えるようなガッツのある人物は、なかなかいないからである。そして危険だという理由は、それが本人を傷つけ、ときには身動きできない状態にしてしまうことさえあるからだ。

自分について少し無知な部分を残しておくのは、必ずしも悪いことではない。自我防衛機構にはそれなりの理由がある。

マーティン・セリグマンの研究によると、仕事のできる人は一般に、自分の可能性を平均的な人々よりも楽観的にとらえているという。そういう人は言わばバラ色の色眼鏡で世間を見ていて、それが熱意やエネルギーの源となり、意外なこと、非凡なことをやってのけさせるのである。

劇作家のヘンリック・イプセンは、この種の自己欺瞞《ぎまん》を「生命の嘘」と呼んだ。人間は心を慰めるちょっとした欺瞞によって、厄介な世界に立ち向かう自信をふるい起こすのだ。

ただし、自己欺瞞の服用はごく少量ずつに止めなくてはならない。幹部役員は自分に関する真実を求めて、たゆみなく努力すべきである。

なにしろ、直接に聞く批判というものは、すでに薄まっているものなのだ。真実を知る一つの方法は、批判についてきわめてオープンな態度を取ることである。

あるいは、とくに否定的な意見だけを求める手もある。その場合、同僚の一人か二人に、あえて悪い面ばかりあげつらう役割を引き受けてもらうこともできよう。

また、ぜひ勧めたいのは、上司、同僚、部下を問わず、できるだけ多数の意見を聞くことである。部下や同僚からの意見はとくに有用だ。ユタ大学のグレン・マキボイとラトガーズ大学のリチャード・ビーティの研究によると、2年後についても4年後についても7年後についても、リーダーの優秀性について最も精度の高い予測ができるのは部下と同僚の意見である。

もちろん、四方八方からのフィードバックを集めるといっても、自分のムードや行動、周囲への影響などを細かく個別的に評価してもらうわけではない。ただ、周囲からだいたいどういう印象を持たれているかはわかる。

たとえば、周囲の人があなたの「聞くスキル」を評価する場合、それはじつは、その人が話をどのくらい聞いてもらっているかという印象を述べているのだ。

同様に、周囲からのフィードバックのなかに「コーチングスキル」に関する評価が出てきたとしたら、その評価はつまり、あなたが周囲に気配りしているか否かの印象を示している。

あるいは、「新しいアイデアへの受容度」の点で低い評価が出たら、あなたはつかみにくい上司、近づきがたい上司といった印象を与えているということだ。

要するに、自分の「心のスタイル」の影響を本気で知りたいと思うなら、あらゆる立場の人、あらゆる方面から意見を聞くことが必要である。

このステップについては、最後にもう一つ留意点がある。自分の短所を発見することは大切だが、あまりに短所ばかりに目をやると、気が滅入ってしまいかねない。同じくらい大切なのは――いや、もっと大切かもしれないのは、自分の長所を知ることだ。

現実の自分がすでに理想の自分とオーバーラップしている部分を知れば、自己変革プロセスの次のステップ、つまりギャップを埋める作業に取り組む前向きな意欲も出てくるというものだ。

STEP3 理想を現実化する「計画」をつくり、「実行」する

どういう人物になりたいかを確かめ、それを周囲の印象と比較したなら、いよいよ行動計画を立てる番だ。

ソフィアの例では、自己認識レベルをしっかりと高める計画となった。彼女は自分の「ムード」「行動」「周囲への影響」についてフィードバックしてくれるよう、職場のメンバー全員に依頼した。毎週、匿名文書のかたちでフィードバックしてもらうことにした。

ソフィアはまた、やさしくはないが実現可能な作業を3つ実行した。「毎日1時間日誌をつけて自分の行動について考える」「地元の大学で集団内の相互作用に関する講義を聴講する」「信頼できる同僚に非公式のコーチ役を頼む」の3つである。

大手総合エネルギー会社のラテンアメリカ事業部で、マーケティング担当幹部役員をするホアンの場合を見てみよう。彼はラテンアメリカ全域と、とくに自分の母国であるベネズエラで、会社の業績を伸ばす責任を負っていた。コーチとなり、ビジョンを示し、周囲を勇気づける楽観的な態度が求められる仕事である。

しかし全方面に意見を求めてみたところ、ホアンは恫喝的《どうかつてき》で内輪のことばかり言うとい

う印象を持たれていることがわかった。直属の部下の多くは、彼を気難しいイヤなやつと見ていた——最悪の場合、機嫌を取ることすら不可能で、最もましなときでさえやる気をなくさせる、と。

ホアンはギャップに気づいたことで、改善に向けて実行可能なステップを踏んだ綿密な計画をつくることができた。

まず、コーチにふさわしい姿勢を身につけるために共感の能力を磨く必要があると判断し、共感のスキルを実践できるような活動に努めた。

たとえば、部下の一人ひとりをもっとよく理解するようにした。どういう人物かがわかれば、部下の目標実現に向けてもっと力になれるはずだ。そこで、相手が感情を自然に表現できるよう、部下の一人ひとりと仕事を離れて会う計画を立てた。

また、自分に欠けている部分を補うために、仕事以外の活動にも参加しはじめた。娘のサッカーチームのコーチ、地域の救難センターでのボランティア活動などである。いずれの活動においても、他人を深く理解する方法や新しい行動パターンを試すことができた。

さて、ここで再び脳科学の話にもどろう。ホアンが克服しようとしたのは、すでに刻み込まれた行動——長い年月をかけて、知らず知らずのうちに根づいてしまった行動である。これを変えるには、まずはその存在を自覚することが不可欠だ。

気をつけていれば、「同僚の話を聞く」「サッカーのコーチをする」「取り乱した相手と電話で話す」など、さまざまな状況のすべてが、古い習慣から脱皮し、新しい反応を試すきっかけとなる。

習慣を変えるきっかけは、神経的であると同時に知覚的でもある。ピッツバーグ大学とカーネギーメロン大学の研究者が示すところでは、人間は頭の中である作業への準備をするとき、まず前頭前野――脳のうち人間を行動に駆り立てる部分――が覚醒する。そして事前の覚醒作用が強いほど、作業効率が上がるのだという。

こういった脳における事前準備は、古い習慣を改めるときにとくに重要だ。ピッツバーグ大学の神経科学者キャメロン・カーターの発見によると、人間は習慣的な反応を克服しようとするとき、前頭前野がとくに活発に働くという。

覚醒した前頭前野は、脳をこれから起こることに集中させる。事前覚醒が足りないと、人はそれまでどおりの、望ましくない、ありふれた反応をしてしまう。

他人の話を聞かない幹部役員なら、やはり部下の話をさえぎり、無慈悲なリーダーはまたもや個人攻撃にはしるといった具合だ。

だからこそ、学習の道筋を事前に意識しておくことが大切なのだ。それがないと、変革に必要な脳の力は発揮されない。

STEP 4 「行動」をくりかえす

自己変革を定着させるには、反復練習が必要だ。その理由もやはり脳にある。神経に刻み込まれた古い習慣を破るには、同じことを何度となくくりかえさなければならない。リーダーは、意識しないでできるようになるまで、言い換えると絶対的な学習行動のレベルになるまで、新しい行動を練習しなくてはならない。そうなって初めて、脳の中に新しい伝達回路ができてくる。

ホアンのように新しい行動を実地に練習するのがベストではあるが、頭の中で想像するだけで十分な場合もある。やはり現実の自分（同僚や部下に冷厳な印象を与えていた）と理想の自分（ビジョンを示す役、コーチ役）とのギャップを埋めたいと思った幹部役員、トムの例を見てみよう。

トムの学習計画は、部下が間違っていると思ったときにいきなりやりこめるのではなく、一歩引いてコーチ役になるという実践を中心に置いていた。また、暇な通勤時間を利用して、その日ありそうな出来事にどう対処するか、思いをめぐらせるようにした。

ある朝、プロジェクトをうまくこなせていなさそうな部下との朝食会議に向かう途中、トムは頭の中でポジティブな進行をリハーサルしておいた。彼はまずいくつも質問をしてよく相手の話を聞き、状況をすっかり頭に入れてから、問題にメスを入れることにした。自分が性急に問題を解決したがるだろうと前もって予測し、その感情に自分でどう対処するかまでリハーサルしておいた。

脳に関する諸研究は、トムが行ったような頭の中での想定の効果を裏書きしている。ある行為をいきいきと思い描けば、行為を実際に行った場合と同じ脳細胞が刺激されるというのだ。頭の中で何かをくりかえすだけで、脳内の新しい回路が働き、接続が強化されていくのである。

だからリーダーとしてリスクの多い方法を試すときの不安を和らげるには、起こりそうな状況をまず頭の中に思い浮かべるべきだ。そうすれば、いざ新しいスキルを実践するときにも動揺が少なくて済む。

新しい行動を試し、職場の内外に練習の場を求めることは、頭の中でのリハーサルともあいまって、真の変化に必要な神経回路を脳の中につくりあげていく。

それでも、変化を長続きさせるには、試験的な実践や脳の働きだけでは十分ではない。歌の文句にもあるように「友人のちょっとした助け」が必要である。

STEP5 「見張り役」を設ける

自己発見・自己変革の第5のステップは、支援してくれる人のグループをつくることだ。ユニリーバのマネジャーたちは、幹部役員育成プロセスの一部として、複数の学習グループを設けていた。最初は全員が集まって、自分の仕事のキャリアやリーダーシップを発揮することについて語り合うだけだった。

しかし彼らの念頭には将来の夢や学習目標のこともあったので、そのうちおのずと、仕事とプライベートの両方について話し合うようになった。そして互いに強固な信頼関係を築き、リーダーシップ能力を伸ばすために率直な意見を求め合うようになっていった。ここまで来ると、効果は業績にも表れ、会社も利益を得た。

こんにちの知的専門職にはこの種のグループをつくっている人が多いが、じつによいことである。信頼できる相手になら、リーダーシップの諸技能のうち、自分の不得手な部分を試してみても別にリスクは生じない。

周囲の助けなしには、EQの向上やリーダーシップ・スタイルの変革はできない。周囲の人はスキルの練習相手となるだけでなく、新しいスキルを試すときの安全地帯ともなり得る。自分の行動が周囲にどう影響しているか、また学習計画における進捗度の評価についていては、周囲の意見を求める以外にない。

逆説的かもしれないが、たとえ自発的な学習プロセスであっても、理想とする自己の発見とその練磨、現実の自己との比較、そして進捗を確かめる最終的評価まで、どの段階でも周囲の人々の力を借りているものだ。

他者との関わりという背景があって初めて、自分の進歩を知り、学習内容の有用性を理解することができる。

「ムード」と「行動」が業績を決める

自分や部下のムードをコントロールすることが最高のリーダーシップだといっても、もちろんムードだけですべてが決まるという意味ではない。これまで述べてきたとおり、行動こそが大切なのであり、ムードと行動が、組織全体、現実と共鳴するものでなくてはならない。

同様に、戦略や雇用、新製品開発など、リーダーが立ち向かうべき他の問題をおろそかにするつもりもない。すべては仕事の一部である。

しかしながら全体を眺めると、神経学・心理学・組織学研究の伝えるメッセージは目を見張るほど明確そのものである。心のリーダーシップこそが、企業の業績に火を点ける最初の火花であり、それが成功のかがり火となるか、悲惨な焼け野原となるかを左右する。リーダーのムードは、それほどまでに重大なのである。

Column 1

「イヤなやつ」は本当に成功しないか?

ウェルチという「嫌われ者」が成功した理由

だれもが経験することだが、EQの面から見ればどう見ても最悪の例であるような、粗暴で高圧的なCEOが、みごとな業績を上げるといったケースがある。

リーダーのムードが重要ならば、こうした度量の狭い「イヤなやつ」が成功するのは、どういう理由なのだろうか。

第一に、該当者をよく観察してみなくてはいけない。目立つ幹部役員が一人いるとしても、その人が実際に会社を切り回しているとは限らない。コングロマリットのトップに君臨するCEOでも、現場への影響力はほとんどないのかもしれない。実際に部下を動かし収益を上げているのは、各部門の長だという場合がある。

第二に、嫌われ者のリーダーが、刺《とげ》のある言動を打ち消すような強みを持っていることがある。ただそういった面はビジネス雑誌にはなかなか載らない。

たとえばジャック・ウェルチは、ゼネラル・エレクトリックでのキャリアの初期に、会社の方針の大転換にあたってみごとな舵取りを見せた。当時の状況においては、ウェルチの断固としたトップダウンのやり方が合っていた。新しいビジョンを示し、それに向けて社員を動かそうとしていた時期である。その後ウェルチは、もっとEQを重んじた経営スタイルに移行したが、メディアにはあまり報じられることはなかった。

情け容赦のないビル・ゲイツは「何」をした？

右のようなただし書きつきの例は別として、残酷なまでの経営スタイルで輝くばかりの業績を上げた悪名高き企業トップを見てみよう。

批判好きな人たちは、たとえばビル・ゲイツを槍玉に挙げて、本来なら会社をダメにするはずの情け容赦ないスタイルでなぜか成功しているリーダーだという。

しかし、状況の違いによるいろいろな経営スタイルの長所・短所を示した筆者のリーダーシップ・モデルでいえば、ネガティブといわれるゲイツの行動にも新しい側面が見えてくる（「EQリーダーシップ」「DIAMONDハーバード・ビジネス・レビュー」2000年8・9月号を参照）。

ゲイツは達成志向型の傑出したリーダーであり、マイクロソフトは能力もやる気も一流の人材を粒よりに集めている。つねに過去の業績を上回ることをはっきりと部下に求める経営スタイルは、一見過酷に見えるが、有能でやる気のある部下、指示をあまり必要としない部下に対してはきわめて有効になりうる。同社のエンジニア陣はまさにそういう人材だった。

行動はひどくても、ビジネスで成功を収めている「荒削りで強靭な」リーダーの例を挙げて、自分のムードをコントロールできるリーダーの重要性に疑問符をつけるのは簡単である。筆者としても、法則には例外があること、また嫌われる上司がうまく機能するビジネス状況があることは認めざるをえない。

しかし一般的に言えば、やはり周囲に嫌がられるような人間は、どこかで自己変革を行わないと、いずれは自分のムードや行動によって、手痛いしっぺ返しを食うだろう。

Column 2

優れたリーダーは「共鳴力」を備えている

状況にマッチした行動のための「4つの要素」

よいムードが優れた業績の呼び水になるとはいえ、実際に売上が沈んでいたり、商売がうまくいっていなかったりしていては、リーダーが朝のカケスのごとくに朗らかであっても意味はない。

優れた経営幹部は、目の前の状況にマッチしたムードや行動に、一服の楽観を効かせて供するものだ。優れたリーダーは、たとえ陰鬱感や敗北感であっても周囲の感情を尊重するが、同時に希望とユーモアをもって前進する姿も示すのである。

これを周囲との「共鳴」と呼ぶことにするが、これができるということは、まさに、EQの4つの要素を実践できているということに他ならない。

1.自己認識

EQでくくられる能力のなかでもおそらくいちばんの主軸となるのは、自分自身の感情を読み取る力である。これによって自分の長所や限界を知り、安定した自尊心を保つことができる。共鳴力に優れたリーダーは、自己認識によって自分のムードを正しく測り、それが周囲に影響を及ぼす仕組みを直感的に理解している。

2.自己管理

自分の感情をコントロールし、安定した柔軟なやり方で正直かつ誠実に行動を取る力である。共鳴力あるリーダーは、ときとして湧き起こる自分の悪いムードにも圧倒されることがない。自制して不機嫌を職場に持ち込まないか、あるいは理由を周囲に説明して、不機嫌が何のせいなのか、どのくらい続きそうかを知らせておく。

3.関係の認識

これは、「共感」と「組織に関する直感」という二つの重要な能力から成っている。人間関係に敏感な幹部役員は、周囲の感情をただ感じ取るだけでなく、それに対する配慮を示す。さらに、職場の人間関係の動きを読むのにも長《た》けている。そのため、共鳴力あるリーダーは自分の言動が周囲にどういう印象を与えるかを鋭くとらえて、影響がネガティブである場合には言動を変えるだけの感度を備えている。

4.関係の管理

ＥＱの最後の要素は、他者との関わり方をうまく管理する能力で、「明確かつ説得力あるコミュニケーション力」「衝突をなだめ、抑える力」「個々の社員との強い絆を築く力」などが含まれる。共鳴力あるリーダーはこれらのスキルを使って、ときにはユーモアを交え配慮を示しつつ、自分の熱意を伝染させ、意見の不一致を解決していく。

共鳴力あるリーダーシップは貴重であると同時に、稀でもある。前向きで現実的なリーダーが状況の修復に乗り出さない限り、有害なムードや人の気にさわる行動で破滅を引き起こす鈍感なリーダーのもとで苦しんでいる人がほとんどだろう。

「落ち着き」と「敬意」をもって語る

最近、イギリスの巨大メディア企業BBCが実験的につくった事業部での例を見てみよう。この事業部には200人ものジャーナリストや編集者が集まってベストを尽くしたが、成功には至らず経営陣は解散を決めた。

解散だけでも十分に悪いニュースだが、集まったスタッフに解散を告げる幹部役員の態度がぞんざいで一方的だったために、たんなる不満以上の悪感情が巻き起こった。スタッフは、解散の決定とそれを発表した態度の両方に逆上して騒ぎ出した。

そのうえ、発表役の幹部役員が対決ムードを取ったために、場の雰囲気は非常に険悪となり、退室するのにガードマンを呼ばねばならないほどの事態となった。

翌日、別の幹部役員が同じスタッフをまた一堂に集めた。彼のムードは落ち着いた敬意あるもので、行動もまた同様だった。彼はまず、社会の木鐸《ぼくたく》たるジャーナリズムの重要性を説き、そもそも自分たちが報道の職に惹きつけられた理由について語った。

彼はこう述べた。「金持ちになるためにジャーナリズムの世界に入った者はいないだろう。職業人としての報酬は、いつもたいしたものではなかった。仕事の口だって、世間の景気次第で浮き沈みがつきまとう」。彼は昔自分が失業したとき、新しい職を見つけるのにいかに苦労したかを語った。それでも誇りをもってジャーナリストという仕事を続けてきたのだ。そして最後に、「みなさんの今後のキャリアに幸運を祈る」と結んだ。

前日には怒れる群衆であったスタッフの反応は、どうだっただろうか。共鳴力あるリーダーが話し終えると、拍手喝采が湧き起こったという。

Column 3

危機のときは「一つひとつ」対処する

「毅然とした態度」を取り続ける

リーダーのムードについて語るとき、共鳴の重要性は言い尽くせない。われわれの研究によると、リーダーは普段は快活であるべきだが、行動はつねに現実に根ざしたものでなくてはならない。危機に直面したときは、とくにそうだ。

メリルリンチの顧客リレーションズグループ部長兼上級副社長のボブ・マロランドが、ニューヨークのテロ事件に際して見せた行動を考えてみよう。

2001年9月11日、マロランドは部下と共にニューヨーク世界金融センター2号棟にいて、建物が揺れるのを感じ、真向かいのビルにぽっかりと開いた穴から黒煙が吹き出すのを見た。

パニックが始まった。あわてて窓から窓へと走る者。恐怖で動けなくなる者。家族や親類が世界貿易センターで働いている者は、その運命を思って凍りついた。

マロランドは、自分が行動すべきときだと感じた。「危機のときには、どう行動するかを一つひとつ示し、周囲の者の不安に確実に対処しなくてはなりません」

彼はまず、みなが欲している情報を集めて知らせ、麻痺《まひ》状態を緩和した。たとえば、社員の係累《けいるい》の者がどの階で働いているかを確かめ、逃げる時間は十分にあるだろうと元気づけた。

それからパニックに陥った者を、一人ずつなだめてまわった。彼は冷静に言った。

「すぐ、ここから避難する。いっしょに来てください。エレベーターではなく階段で」

彼自身は平静で毅然たる態度を崩さなかったが、部下の感情的な反応を無理に抑えようとはしなかった。その結果、ツインタワー崩落の前に全員が避難することができた。

ビジネスがすべてではない

マロランドのリーダーシップは、そこで終わることはなかった。

マロランドと彼のチームは、どの顧客も事件で直接の影響を受けただろうと思いやり、フィナンシャル・コンサルタントが顧客の心に響く対応を考え出した。

チームがすべての顧客に電話して、「どうですか。身近な人に被害はなかったですか。

ご気分はいかがですか」と尋ねたのである。

マロランドはこう語っている。「普段のような勧誘や商売の話など、とんでもない。最初の一歩は、われわれがお客様のことをいつも気にかけていると知ってもらうことだった」

マロランドは、リーダーにとってきわめて重要な「心の仕事」をやってのけた。大混乱と狂気を前にして、自分自身にも部下にも確固とした意味のある行動を見出したのである。

彼はそのためにまず、全員が共有している心の現実に同調し、あるがままに表現した。だからこそ、彼の発した指示が心から受け止められた。彼の言動は、周囲の人の気持ちと共鳴していたのである。

行動のための手引き

だれもがついていきたくなる「リーダー」になる

あなたの感情がまわりにどう影響しているかについて、真実を教えようとするようなガッツのある部下はなかなかいない。だから、その真実は自分自身で見つけ出さなければならない。それには、次のステップが役に立つ。これは、脳科学と何年にもわたる企業の幹部役員の実地調査に基づいて生まれたものだ。このステップを利用して、EQが高くなるようにあなたの脳の伝達回路を変えよう。

1.「理想の姿」を思い浮かべる

優れたリーダーとしての自分の姿を想像する。どんな姿が見えるだろうか。

〈例〉シニア・マネジャーのソフィアは、仕事を「きちんと」するために部下にあれこれ細かく指示を出す傾向にあった。ソフィアは、会社を起こして社長になった将来の自分の姿を思い描いた。そこでの彼女は、信頼関係を築いた部下たちとうまくやっている。リラックスしていて幸せそうで、安心して部下に仕事をまかせている。この想像によって、心のスタイルの理想と現実が明らかになった。

2.周囲の目に映っている「現実の姿」を見つめる

自分自身のリーダーシップ・スタイルが周囲にどう見えているかを知るためには、四方八方からフィードバックを集める必要がある。とくに同僚や部下の意見は不可欠だ。自分の弱さと強さを見つけよう。

3. 理想を現実化する「計画」をつくり、「実行」する

「現実の自分」と「なりたい自分」との差を埋めるための計画を立てる。

〈例〉マーケティング担当役員のホアンは恫喝的で、機嫌を取ることすら不可能な、いわゆる気難し屋だ。しかし、会社の業績を伸ばす責任を担う者として、周囲を勇気づけ、楽観的な姿勢を示す必要があった。ビジョンを持ったコーチにならなければならないのだ。そこで彼は、他人を理解できるようになろうと、「サッカーのコーチをする」「救難センターでボランティア活動を行う」「仕事以外の場で部下に会ってその人となりを知ろうとする」といったことを行った。そうしたこれまでにない状況に身をおいたことが刺激となり、彼は古い習慣から脱し、新しい反応を試すようになった。

4. 「行動」をくりかえす

定着させたい新しい行動は、頭の中と身体を使った両方で、自然にできるようになるまでくりかえし練習する。

〈例〉幹部役員のトムは、部下が悪戦苦闘しているとき、非難するのではなくコーチできるようになる方法を知りたいと思っていた。そこで、通勤時間を使い、仕事で苦戦している部下との会議を頭の中に思い描くことにした。質問をして部下の話に耳を傾ける自分の姿を想像し、解決を急かしたくなる感情にどう対処するかを、頭の中で何度もリハーサル

した。この練習によって、実際の会議でこれまでにない行動を取る準備が整った。

5.「見張り役」を設ける

自分一人でEQを身につけようとしてはいけない。この困難な道のりを正しく導いてくれる仲間を見つけよう。ユニリーバのマネジャーたちは学習グループをつくり、率直な意見を交わしたり、信頼関係を構築したりしながら、お互いのリーダーシップ能力の向上に努めた。

原注一覧

■ Chapter 4

※1　Karl E. Weick, "The Collapse of Sense-making in Organizations: The Mann Gulch Disaster," Administrative Science Quarterly, December 1993. を参照。

■ Chapter 7

※1　"Beware the Busy Manager," HBR, Feb. 2002.　を参照。邦訳は「DIAMONDハーバード・ビジネス・レビュー」（2002年5月号）に掲載。

※2　マネジャーの職務を考えるフレームワークである「職務」（要求）、「制約」「選択肢」のコンセプトは、ローズマリー・スチュワートの著書 Managers and Their Jobs, Macmillan, 1967. のなかで最初に紹介された。同じくスチュワート著 Choices for the Manager, Prentice Hall, 1982. も参照のこと。

著者一覧

■ Chapter 1

クレイトン・M・クリステンセン(Clayton M. Christensen)

ハーバード・ビジネススクール教授。専門は経営管理論。発表した論文は、50年以上の歴史をもつマッキンゼー賞受賞5回を含め、数多くの賞を受けている。2011年～2013年「Thinkers 50」(世界のビジネス思想家トップ50)1位。主な著書に『イノベーションのジレンマ』(玉田俊平太監修、伊豆原弓訳、翔泳社)などがある。

■ Chapter 2

ピーター・F・ドラッカー(Peter F. Drucker)

ビジネス界に多大な影響を及ぼした思想家。東西冷戦の終結、転換期の到来、社会の高齢化をいちはやく知らせるとともに、「分権化」「目標管理」「経営戦略」「民営化」「顧客第一」「情報化」「知識労働者」「ABC会計」「ベンチマーキング」「コア・コンピタンス」など、主なマネジメントの理念と手法を考察し、発展させた。50冊を超える著作群は「ドラッカー山脈」と呼ばれる。主な著書に『プロフェッショナルの条件』『イノベーションと企業家精神【エッセンシャル版】』(ともに上田惇生訳、ダイヤモンド社)などがある。

■ Chapter 3

ウィリアム・オンキン・ジュニア(William Oncken, Jr.)

経営コンサルティング会社ウィリアム・オンキン・コーポレーション会長を務め、その企業幹部の人材開発についての知見は数多くの大学、企業等で読まれた。本書掲載の論文は「ハーバード・ビジネス・レビュー」史上、最も人気を博した文章の一つとして知られる。

ドナルド・L・ワス(Donald L. Wass)

経営者・CEOのための国際組織エグゼクティブコミティー(TEC)、ダラス・フォートワース支部代表。

■ Chapter 4

ダイアン・L・クーツ(Diane L. Coutu)

バンヤングローバル社顧客コミュニケーション部門ディレクター。「タイム」誌、「ウォールストリート・ジャーナル」誌、マッキンゼー・アンド・カンパニー等を経て、「ハーバード・ビジネス・レビュー」誌でシニア・エディター。HBR在籍中にはマサチューセッツ工科大学で教鞭を執り、ボストン精神分析研究所で連携研究員を務めた。

■ Chapter 5

トニー・シュワルツ(Tony Schwartz)

「ニューヨーク・タイムズ」紙記者、「ニューズウィーク」誌アソシエイト・エディターなどを経て、グーグル、マイクロソフト、コカ・コーラ等をクライアントとするエナジー・プロジェクト社創業者兼社長。著書に『成功と幸せのための4つのエネルギー管理術』(ジム・レーヤーとの共著、青島淑子訳、CCCメディアハウス)などがある。

キャサリン・マッカーシー(Catherine McCarthy)

人材コンサルティング企業コーン・フェリー社マネージング・プリンシパル。エナジー・プロジェクト社では最高執行責任者として人材・リーダーシップ開発に従事。

■ Chapter 6

スチュワート・D・フリードマン(Stewart D. Friedman)

ペンシルベニア大学ウォートン・スクール教授。同校マネジメント部門の初代実践教授に就任、リーダーシップ・プログラムを創設。アル・ゴアやジャック・ウェルチのアドバイザー、フォード・モーターのリーダーシップ開発センターのディレクター、ダートマス大学医学部の臨床心理士などを務めた。著書に『トータル・リーダーシップ――世界最強ビジネススクール ウォートン校流「人生を変える授業」』（塩崎彰久訳、講談社）などがある。

■ Chapter 7

スマントラ・ゴシャール(Sumantra Ghoshal)

ロンドン・ビジネススクール教授、ならびにアドバンスト・インスティテュート・オブ・マネジメント・リサーチ（高等経営研究所）のフェローを務めた。ハイケ・ブルックとの共著に『意志力革命』（野田智義訳、ランダムハウス講談社）、『アクション・バイアス』（野田智義訳、東洋経済新報社）などがある。

ハイケ・ブルック(Heike Bruch)

スイスのザンクト・ガレン大学教授。同校リーダーシップと人的資源管理研究所所長。専門はリーダーシップ論。マネジャーの感情、意志、行動、リーダーシップについて研究を進めている。

■ Chapter 8

ロバート・E・クィン(Robert E. Quinn)

ミシガン大学経営大学院教授。専門は組織論、経営管理論。ポジティブ組織研究センター所長。著書に『ディープ・チェンジ――組織変革のための自己変革』（池村千秋訳、海と月社）などがある。

■ Chapter 9

ロバート・S・キャプラン(Robert S. Kaplan)

ハーバード・ビジネススクール教授。専門は経営管理論。バランスト・スコアカードの開発者の一人。世界を代表する管理会計研究者として知られる。最高の教育者に与えられるアメリカ会計学会の学会賞、イギリス勅許管理会計担当者協会から与えられる会計学への貢献賞などを受賞。著書に『戦略マップ［復刻版］――バランスト・スコアカードによる戦略策定・実行フレームワーク』（デビッド・P・ノートンとの共著、櫻井通晴他訳、東洋経済新報社）などがある。

■ Chapter 10

ダニエル・ゴールマン（**Daniel Goleman**）

ハーバード大学で心理学の博士号を取得。同大学で教鞭を執ったのち、科学ジャーナリストとして活躍。著書『ＥＱ　こころの知能指数』（土屋京子訳、講談社＋α文庫）は、世界30カ国語に翻訳され、５００万部を超えるベストセラーに。ピュリッツァー賞に二度ノミネートされ、その執筆活動による貢献にたいして米国心理学協会から功労賞を授与されている。

リチャード・ボヤツィス（**Richard Boyatzis**）

ケース・ウェスタン・リザーブ大学ウェザーヘッド経営大学院の組織行動学部教授。ダニエル・ゴールマン、アニー・マッキーとの共著に『ＥＱリーダーシップ』（土屋京子訳、日本経済新聞社）がある。

アニー・マッキー（**Annie Mckee**）

ペンシルベニア大学教育学大学院プログラム・ディレクター兼シニア・フェロー。組織コンサルタントとしても活躍している。

出典一覧

■ Chapter 1

自分の人生を「成功」に導く

正しい物差しで生き方を管理する　――クレイトン・M・クリステンセン

"How Will You Measure Your Life?"
Harvard Business Review, July-August 2010.
邦訳「プロフェッショナル人生論」（「DIAMONDハーバード・ビジネス・レビュー」２０１１年３月号）

■ Chapter 2

自分をマネジメントする

自分の強み、仕事の仕方、価値観を知る　――ピーター・F・ドラッカー

"Managing Oneself"
Harvard Business Review, March-April 1999.
邦訳「自己探求の時代」（「ダイヤモンド・ハーバード・ビジネス」１９９９年６－７月号）

■ Chapter 3

これで、時間は完全に支配できる

仕事の「サル」を手なずける　――ウィリアム・オンキン・ジュニア、ドナルド・L・ワス

"Management Time: Who's Got the Monkey?"
Harvard Business Review, November-December 1999.
本書が本邦初訳

■ Chapter 4

「レジリエンス」を鍛え上げる

強い人格をつくるために最も必要な能力　――ダイアン・L・クーツ

"How Resilience Works"
Harvard Business Review, May 2002.
邦訳「『再起力』とは何か」（「DIAMONDハーバード・ビジネス・レビュー」２００２年10月号）

■ Chapter 5

身体・感情・知性・精神のレベルを底上げする

パフォーマンスを活性化するトリガー　――トニー・シュワルツ、キャサリン・マッカーシー

"Manage Your Energy, Not Your Time"
Harvard Business Review, October 2007.
邦訳「活力管理法」（「DIAMONDハーバード・ビジネス・レビュー」2008年10月号）

■ Chapter 6

「小さな勝利」で自分を変える

全方位的に目標を攻略する　――スチュワート・D・フリードマン

"Be a Better Leader, Have a Richer Life"
Harvard Business Review, April 2008.
邦訳「ワーク・ライフ・バランスの実践法」（「DIAMONDハーバード・ビジネス・レビュー」2008年10月号）

■ Chapter 7

「膨大な仕事」に飲まれない最良のアプローチ

自分の仕事を取りもどす　――スマントラ・ゴシャール、ハイケ・ブルック

"Reclaim Your Job"
Harvard Business Review, March 2004.
邦訳「行動するマネジャーの心得」（「DIAMONDハーバード・ビジネス・レビュー」2004年7月号）

■Chapter 8

人の上に立つために最も大切な「4つのこと」

最高のリーダーが力を発揮する秘密は何か？　――ロバート・E・クィン

"Moments of Greatness"
Harvard Business Review, July-August 2005.
邦訳「リーダーシップ 至高の瞬間」（「DIAMONDハーバード・ビジネス・レビュー」2005年12月号）

■Chapter 9

自分を成長させ続ける「7つの質問」

ビジネスで定期的に考えるべき最重要の問い　――ロバート・S・キャプラン

"What to Ask the Person in the Mirror"
Harvard Business Review, January 2007.
邦訳「自問と自省のすすめ」（「DIAMONDハーバード・ビジネス・レビュー」2007年3月号）

■Chapter 10

成果を最大化する「プロセス」を実行する

自己認識を変える5つの自己革新ステップ　――ダニエル・ゴールマン、リチャード・ボヤツィス、アニー・マッキー

"Primal Leadership"
Harvard Business Review, December 2001.
邦訳「EQの高いリーダーが生み出す組織活力」（「DIAMONDハーバード・ビジネス・レビュー」2002年3月号）

『Harvard Business Review』(HBR) とは

ハーバード・ビジネススクールの教育理念に基づいて、1922年、同校の機関誌として創刊された世界最古のマネジメント誌。アメリカ国内では29万人のエグゼクティブに購読され、日本、ドイツ、イタリア、BRICs諸国、南米主要国など世界13カ国、60万人のビジネス・エグゼクティブやプロフェッショナルに愛読されている。

『DIAMONDハーバード・ビジネス・レビュー』(DHBR) とは

HBR誌の日本語版として、アメリカ以外では世界で最も早く、1976年に創刊。「グローバル・リーダーを目指す人のマネジメント誌」として、毎号HBR論文と日本のオリジナルの記事を組み合わせ、時宜に合ったテーマを特集として掲載。多くの経営者やコンサルタント、若手リーダー層から支持され、またグローバル企業の企業内大学や管理職研修、ビジネススクールの教材として利用されている。

自分を成長させる極意

ハーバード・ビジネス・レビュー ベスト10選

2016年1月15日　第1刷発行
2016年2月10日　第3刷発行

著　者――ピーター・F・ドラッカー
　　　　　クレイトン・M・クリステンセン 他
編　者――ハーバード・ビジネス・レビュー編集部
訳　者――DIAMONDハーバード・ビジネス・レビュー編集部
発行所――ダイヤモンド社
〒150-8409　東京都渋谷区神宮前6-12-17
http://www.diamond.co.jp/
電話／03·5778·7232(編集)　03·5778·7240(販売)
装丁――――水戸部功
本文デザイン―荒井雅美(トモエキコウ)
本文DTP――キャップス
校正――――円水社
製作進行――ダイヤモンド・グラフィック社
印刷――――八光印刷(本文)・慶昌堂印刷(カバー)
製本――――ブックアート
編集担当――三浦 岳

ISBN 978-4-478-06830-4